スピリチュアリティを
目覚めさせる

均質化する社会を現象学から問う

佐藤俊一 著

川 島 書 店

はじめに　―なぜ、自ら求めるという生き方をしないのか

私たちの日常生活を見渡すと、社会の発展に関心は無いが、それなりに安定して持続した生活をしたいと思っている人が多くいるようだ。そうした考えの人たちには、社会や組織の合理的と思える権威に従うことで、自分の居場所を確保でき、安心した生活を送りたいという願望がある。自ら冒険をし、求めるという自律した生き方をする人は少ない。反対に、強く命令されなくても、言われたことに多くの人が服従している。

他方で、対人援助にかかわる専門職の教育や実践においては、人にかかわる力が実践力として求められている。ところが、教育の高度化や専門化という名の下で、頭で考えることが優先し、身体で感じて行動できる人が少なくなっている現状がある。日常の人へのかかわりにも共通するが、考えることによって、多くの人は自分を守り、安全に仕事をすることで、本来の対人への支援をするということを忘れてしまっている。

今日においては、自死の問題や一人ひとりの多様性を支援することなど、従来の科学的思考や問題解決型の方法では対応できない課題がたくさんある。この本における構想は、そうした現実に対して、誰もが有している「スピリチュアリティを目覚めさす」ことから取り組もうとするものである。

具体的には、なぜ、多くの人たちは均質化された状態で自己を維持することに安心を見出すのか。人間に独自なことばや思考のあり方を問い直し、生身のかかわりからお互いがわかり合える関係が生まれることを確認していく。その後にスピリチュアリティを覚醒させることで、個々が生まれ続けることを具体的な事例から検証していく。

同時に、人間が関係的存在であることを確認しながら、科学的なものの見方のベースにある実証性の根拠となることの検証、対象化といった課題を「見える」という視点から基礎づける作業を行う。

上述した検討を踏まえて、孤独、不安、別れなど、誰もが避けたいと思うことが、実はスピリチュアリティを目覚めさす人間的体験であること、したがって苦悩や不安のなかで人間が人間になることを明確にし、伝えていきたい。この本を読むことが、スピリチュアルな時間の体験となれば嬉しい限りである。

目次

はじめに　―なぜ、自ら求めるという生き方をしないのか ……… 2

I　現代社会とスピリチュアリティ

第1章　均質化される人間　―求められる質に応じて生きる人たち ……… 2
1　従順な生き方を選択する人たち ……… 3
2　均質化される人間 ……… 9
3　スピリチュアリティに目覚める ……… 14

第2章　生身のかかわりと思考への囚われ　―なぜ、多くの人は自分を表せないのか ……… 21
1　ことばで考えることの優位性 ……… 22
2　実践知と理論知　―ことばから実践の中での思考へ ……… 28
3　生身のかかわりの凄さ ……… 34

第3章　スピリチュアルなものを求めて　―個々の不完全さが生み出す可能性 ……… 42
1　不確実なことを確信する ……… 43

2　個々の独自性を表わす不完全さ……48
3　他者の生きざまにかかわるケア……53

II　見えないものが見えるようになる

第4章　音が私たちを動かす　―直に伝わるという体験……62
1　出会いがもたらすもの……63
2　先ず考えるという態度……64
3　自分を忘れる……65
4　対象とならない「音」の可能性……67

第5章　科学することの基礎となる人間関係　―主観を徹底的に問う態度……69
1　人間関係　―分野から共通の基盤という発想へ……70
2　主観や感性に支えられる客観性……74
3　関係的存在としての人間理解……79

第6章　見るから見えるへ　―対象とならないものを見る……86
1　問いが見えるようになる……86
2　見るから〈見える〉へ……88
3　開かれているのに見えない……91

4　見えるようになる　94
5　対象とならないものを見る　96
第7章　見えるものの中にある見えないもの　—見えるようになるという新鮮な体験　100
1　すること（専門性）とかかわること（基礎）　101
2　見えるものの中にある見えないもの　103
3　見えることで可能となる　106
4　全体の見方、見え方が変わるという体験　109
Ⅲ　スピリチュアリティを覚醒させる人間的体験
第8章　孤　独　—生を健康にする　117
1　一人になれない　—よい人間関係が私を守ってくれる　117
2　関係的存在としての人間理解と孤独　120
3　孤独がもたらす可能性　126
第9章　不　安　—生をゆるがし、目覚めさす　134
1　不安の再発見　135
2　極限状況における生の覚醒　—不安の二重性　140
3　暗黒の世界へ落ちるという不安　146

第10章　別　れ　—お互いの生を確かなものにする……156
1　別れを出会いとの関係から基礎づける……157
2　関係から始まる別れ　—喪失とのちがい……161
3　スピリチュアリティを目覚めさせる別れ……168
おわりに
初出一覧

I　現代社会とスピリチュアリティ

第1章　均質化される人間
―求められる質に応じて生きる人たち

　戦後七十五年近くたって社会が安定していること、また安定することを求める風潮が見られる。その裏側には、個々が自分の信念を明言することを避け、確固たるものを持たないようにしている態度を感じる。あえて異論や自身の声を上げれば、周りからどのように思われるかが気になる。ネット社会は、そのことを増長させているのだろう。

　安定した自分の生き方を求める人は、社会の常識や組織から指示されることに疑問を抱くことなく従う。そうしていれば、レールから外れることなく自分の居場所を確保することができるからである。社会や組織、また他者に対する関心は少なく、自分が困らないようにするにはどうしたらいいのかという、自分への関心が大きい。しかも、その自分とは特別な存在になるのではなく、できるだけ平凡な私がいいのである。

　気がつくと従順な態度をとることで、小さな人が多くなっている。組織から見れば、求めることに黙って従ってくれる人、ある範囲の中で堅実に仕事をしてくれる人である。そうすることで、安定した生活を送ることができる。驚きや冒険ではなく、何もないことを求めている。あるレベルで仕事をしてくれる均質化された人間が必要とされ、また作り出されている。一つの枠に入らない、自由に生きたい人にとっては、息苦しい、生きづらい社会になっていると言えよう。

こうした状況を打破していくには、どうしたらいいのだろうか。これまでの科学的、合理的とされる考え方は、汎用性という名のもとに均質化された人を創り出してきた。そうした発想の限界があることがわかる。大きなことはできないが、まずは一人ひとりの感性を大切にすることから始めることだろう。そして、私たちが、もともとどのよう存在であるかを再確認し、生を覚醒することをスピリチュアリティに目覚めることから始めていきたい。

1　従順な生き方を選択する人たち

(1)　代わりがきく存在

学校を卒業して会社へ就職するとき、多くの人には将来への夢や希望があるだろう。ところが、ある期間働くと、個々によって差はあるが、そうしたものが遠のいてしまい、組織から求められることができているのかが関心事となり、できていることで安心する。典型的なのは、管理職になったときの態度である。それまで仕事のやり方について自由に発言していた人が、急に黙ってしまう。組織や上司から期待されていることができているかを気にして、一緒に働く仲間や部下のことが見えなくなる。仕事をするのに困らないように自分を守っているのだが、周りからは「自分のことだけを考えている」と思われていても、そのことを直接教えてくれる人もなく、自分では気づけない。

　他方で、自分が管理職としてのプレッシャーも感じる。ロールモデルとして、「課長の私はわかっている、できなければならない」と考えてしまう。実際には、わからないことがあったり、困ったりすることはあるのだが、「できていない、不完全な私は見せられない」と思っている。本当は、不完全さを部下に表せると楽なのだが、それができない。そのため、自分が危うくなる場面が訪れると、怒りを爆発させ、無関心になることで逃げてしまう。いつのまにか自分が孤立し、疲れを感じるようになる。

　自分が困らないようにと行動しているだけなのに、気づくと相手を信頼できないし、自分をも信頼していないことがわかる。できないことをできないと言えること、それが自分を信頼することである。そして、相手を信頼するとは、見返りを求めないことである。市場での交換価値に染まることで、これだけのことをするのだから、相手からもこれだけのことをしてもらいたい。あるいは、金銭等によって評価してもらいたいと考えるのである。

　これまで示してきたような悪循環に陥るのだが、そのことに気づけない。なぜなら、前提になっているのは、自身が盲目的に組織に従って生きることをしているからである。そんな社員がたくさんいることになる。つまり、かけがえのない私が求められているのではなく、代わりのきく要員としてカウントされているのである。できるだけ同じようなレベルやタイプの人がいるといい。そうすると、交換がしやすい。そうして組織にとって都合のよい人間が多くなり、交換要員は他にいるのだと示すことで、不平や不満は出せなくなる。しかし、安定は得られると信じて仕事をしている。

(2) 求めないという態度

組織の中で波風を立てずにいることは、そこに自分の居場所を見出すことには役立つ。しかし、次第に言われたことに従う、疑問を持たないという態度になっていくのだが、そのことの危険性に気づいていない。求められる役割を演じることになっていき、いつの間にか社会的役割が私となってしまい、自分が見えなくなってしまう。仕事の中で主体的になって自身を活用することはなくなる。毎日が同じように過ぎていき、悩むことも少なくなるのだが、生きているのか、生きていないのか、わからなくなる。反対に、組織から求められることへ疑問を抱くこと、たとえば、「これが社会に貢献することなのか、会社の利益のためだけではないのか」と問いかけることを行ったとしてみよう。他の人たちが何も疑問を持っていないと、自分がおかしな人間だと思われ、居心地も悪くなる。言われた通りにすれば何も悩むことはないのに自ら苦悩することになる。そうした生き方は、楽なことではないが自分を使うという主体的な動きをしているのであり、私が課長という役割を創造していることになる。そのため、役割を担うことで自分らしくなることができる。

従うという態度は、自分から組織や周囲に求めないという態度である。組織の決定に疑問を抱くことは、一見すると、ただ反抗することのように見える。しかし、逆らうことが目的ではなく、求める態度の表れなのである。自分が聴き、見ていることを大切にすること、それは紛れもなく対象を、また自分自身を大切にすることである。フロム（Fromm, E.）が、「反抗とは、何かに反する方向の態度ではなく、何かを求める方向の態度である」（1983：52）というとき、私たちが不安の中で自由に生きられること、またその中でしか実現できないことを表しているのである。

求める態度は、自分を生き生きとさせるだけではない。もし、あなたが管理者やベテランであれば、何も求めない態度に染まっている部下や後輩を目覚めさせることができる。自由であるがゆえに生まれる責任であり、その責任に応えることである。もちろん、伝わるか、伝わらないかは、やってみなければわからない。失敗を恐れて黙っているだけでは、何も動かない。(1) したがって、「必要なのは、眼を開き、十全に目ざめ、半ば眠っているゆえに滅びる危険にある人々の目を開かせる責任を、進んで引き受けること」（フロム＝1983：52）である。

(3)　自己責任と非寛容

なぜ、多くの人たちが従順な生き方をするのかを、代わりがきく、自分から求めないという態度から検討してきた。さらに、もう一つ今日の社会の特色である個々の責任に対する考えと寛容さという視点から考えてみたい。そこには日本的な集団主義の伝統を感じるのだが、その意味では社会というよりも「世間」を色濃く感じる。

多くの人の記憶にあるのが、シリアで、武装勢力に拘束されたジャーナリストの安田純平さんが日本に帰ってきたときの反応である。ネットを中心にして、自己責任論が取りざたされた。安田さんの事例以外にも、本人が危険なことをわかっていて行ったことに対して自己責任が取り上げられることがある。

匿名でこうしたことを発言している人たちは、対象としている人たちのことを理解しているのか、あるいは理解しようとしているのかという疑問を抱く。リスクだけに着目して、個々がしようとしたことには何も触れないのである。

私が過去に自己責任という言葉を聞いたのは、大学生に対する教育においてであった。高校生までとは異なり、決められた時間割ではなく、自らが科目を選択し、授業への出席から単位の修得、さらには卒業に向けてどのようにするかを自分で選択し、決定することを指していた。もちろん、うまくいかないこともあるだろうが、ここでの自己責任においては、学生の自律を育む前向きなものとして取り上げられている。同時に、現在のようにシステムとして明確なものがあるかどうかは別として、周りには困っている人に対してサポートする学生や教職員がいて、失敗から学んだり、成長できるという寛容さがあった。

反対に、今日の自己責任論は、対象となる人を排除するものである。ある常識や合理的と考えられる範囲の中にいればいいが、そこからはみ出して自分で決めてしたことだから自分の責任で何とかしなさいというものである。気をつけなければならないのは、ここでいう常識や合理性である。多くの人が考えていること、地位や権力がある人や大きな声を出している人たちの発言であるとしたら、それが真に合理的なものであろうか。そこにあるのは、自分たちと同じか、そうでないかという集団主義があり、個人は無い。また、自分で決めたことにうまくいかない場合に、サポートしようとしない不寛容な態度である。これは個人と社会という関係というより、内と外を使い分ける日本人にとって「内と外との中間地帯にあたるグレーゾーンとしての世間」（井上＝1977:91）が、ＳＮＳ等で広がったかたちになったものと言えよう。

自己責任については、その前提にある責任や自分で決めるということを考えてみたい。まず、責任についてである。現在とりざたされている自己責任とは、「結果」から指摘されていることが多い。もし、本人が向こう見ずなことをしたとしても、結果的に問題がなければ周囲から責任を責められることはない。もちろん、本人がどのように振り返るかは別の問題である。

他方で、責任とは、個々がどのように考え、行動するかということで「最初」から生まれるものである。あることをする、しないということを選択することは、自由な個人ができることである。また、実際に行動を始めても、危険や過酷な状況に遭遇すれば、しなければよかったと悩むこともあるだろう。しかし、苦悩して取り組んでいくほど、自身の信念から行っていることがハッキリする。このように結果だけでなく、最初に自ら決定することで当事者には責任が生まれ、そのことにどのように応えるかが、そのプロセスにおいて終始問われている。生きる意味を問いかけるフランクル（Frankl, V.）は、「人間は『自分を』決断します。決断存在としての人間は、何かを決断するだけでなく、その都度自分自身のあり方を決断し、そのことによって自己形成します」（2004:122）と指摘する。つまり、私たちは自己決定することで責任が生まれ、それに応えることで成長できるのである。可能性は常に与えられているのだが、自ら選択することで、「私は、私があるところのものに従って行為するだけでなく、私は私が行為するものになる（傍点佐藤）」（フランクル＝2004:122）ことができるのである。反対に、しなければならない、してはいけないと最初から決められている場合には、自由は無い。あるのは義務だけである。気づくと生きているのに、死んでいると同じことになる。

2　均質化される人間

(1)　柄に合う人が求められている

ＩＣＴやＡＩなどの導入や進歩により、保健医療・福祉などの人にかかわる職場の環境も大きく変化している。他方で、労働集約型産業の代表格として、最終的にはケアは、人が人にかかわることを抜きにできない。そのため、チームにおいて協働することが目標の達成のために不可欠なこととして取り組まれている。ポイントになるのは、チームで動くときに、何を大切にしているかである。リーダーは、まず目標に目を向け、ＰＤＣＡサイクルの中でどのようにチームをまとめ、そのための環境調整を行うことを考える。その際、先に示したように、ただ交換のきく要員がいれば目標は達成できるのだろうか。チームには多様なメンバーがいて、それぞれに相応しいポジションを担当できる。個性あるメンバーが求められ、そのためには個々が自分らしさを表して、育っていくことが必要である。

ところが、現状では組織から求められる働き方をする、できる職員が求められている。たとえば、社会福祉施設であれば、その施設の柄に合う人、ソーシャルワーカーのモデルになれる人、科長という役割に相応しい人である。すべて、その職に相応しい柄を身につけることが求められている。そのために職員の教育や研修が継続して行われている。たとえば、入社三年目の職員の標準業務ができることが求められ、できない人は評価が低くなる。そこで評価されているのは、組織が求める業務であって、求められてはいないが必要とされる仕事や不足しているキャラクター等には目が向けられない。そのため、標準化された仕事ができる人は組織から期待されていると思い、できないとされる人たちは組織に不要な人間と判断されることになる。

上記のような事態を「人間の規格化」とフランクルは指摘する。あるタイプにあてはまる人が重宝され、そうでない人は除外される。したがって、先に指摘したように、タイプに拘束されることへ対抗することができるかである。このことが倫理的判断の対象となるのだが、「機械は、規格化されればされるほどよくなるが、人間は規格化されればされるほど、つまり（人種的・階級的・性格的）タイプに埋没すればするほど倫理的規範から離れていく」（フランクル =2011:158）と警鐘を鳴らす。

(2)　均質性がもたらすもの

自分が困らないこと、面倒が起こらないことなど平穏無事な毎日を繰り返したいと思っている人には、先に示したことは都合のよい状況に見えるだろう。生きる基準は、周りの人と異なっていないこと、同じであること。そのために、いろいろと気遣いをする。反対に、周りと異なっていること、目立つことはいけない。常に、ある範囲の中で行動し、そこから出て行くことは危険なことである。そのため、次章に出てくるような生身の人と人のかかわりは減り、頭で起こりうる影響を計算し、その考えに基づいて行動する。

　では、そうした傾向の背景にあることは何だろうか。歴史心理学の視点から人間を理解するヴァン・デン・ベルグ（van den Berg, J. H.）は、近代に人間が「複数的実存」になったことが大きく影響している[2]と考察している。私たちは、いろいろな顔を持っているため、お互いに相手のことをすべてわかることはできない。対人援助の専門職は、クライエントと均等な関係を求める。職場では、同僚と均等な関係でいると仕事がしやすい。夫婦は、均等な関係でいると関係が長続きする。お互いが会っているのは、複数的存在の相手の一部である。その関係を維持するには、壊さないようにするのには、均等な状態を維持することがいいのである。その場の状況に応じた行動をしていることが安全策なのである。本気になって、自分を表してしまうと、関係は壊れてしまうと思っている。

　高学歴社会において、また教育のシステム化が進行することで、知識を獲得し、知識や経験を汎用的なものにするという傾向に拍車がかかっている。話し合いでは、どちらも感じたことは表さないで、考えたことや意見を言うだけである。感じたことを表さなければ、つまり自分を見せなければ均等な関係でいられる。また、相手の存在そのものにも関心がない。関心を強く抱いてしまうと、相手の世界に踏み込んでいくことになり、相手からも嫌がられる。お互いに適度な距離でつき合っていれば、均等な関係は維持できるのである。

　ここで一つ面白いことを提示してみよう。対人援助にかかわる仕事をする人には、共通して「傾聴」することの大切さが教育され、実践する。本来ならば、人の話を聴ける人がたくさんいるはずである。

ところが日常的に、また研修においても人の話が聴けない専門職に出会う。なぜなのだろうか。ここにも均等という課題が潜んでいる。自分は聴こうとしているし、均等な関係だからわかるはずであり、聴けていると思っている。しかし、聴けているかは、援助者ではなく、クライエントが判断することである。面白いことに聴いてもらえないと思っているクライエントは、必要最低限なことしか相談して来ない。面と向かっては「あなたは私の話をまともに聴いてくれていない」とは教えてくれない。それは援助者にとっては都合のいいことであるのだが、クライエントもお互いが前提としている均等な関係を壊してまで援助を求めていないのである。そのことに気づけないのは、とても不幸なことである。

(3)　均質性を支えるもの

これまで多くの人が、均質性を求め、そこに居場所を見出そうとしていると指摘してきた。ところが、今日の社会を見渡していくと、実に多様な人たちが存在し、それぞれの人がさまざまな課題を抱えており、社会全体としてどのように共存していくかが大きな課題となっている。均質性とは矛盾するように見えるのだが、この点を押さえておくことは、本書の底に流れる「人間をどのように理解するのか」と密接にからむテーマになる。

均質性が認められるようになったことを歴史心理学から示してくれるのが、ヴァン・デン・ベルグである。具体例として、分業によるピンの急激な生産向上を紹介している。大量に作られるピンは全部均一である。さらに数量の問題ではなく、他の製品についても同様であるが、そのことは生産の画一性を意味する。そうした一連の過程が、私たちを使用者から消費者へ変えたと指摘する。(3) 彼が示しているように、たくさん同じものを作り出すことは、均一性をもたらす。余剰に作り出すことは、すぐに捨てることを抵抗なくする消費者にしてしまう。反対に、数少ないものを作っているときは、違いが目立つので一つひとつの生産に配慮していた。そして、私たちはモノを大切にする使用者であった。

モノを例にあげたが、人間にも同様なことが指摘できる。たとえば、すでに延期となったが、二〇二〇年の東京オリンピックの入場券の販売と購入についてである。購入希望者は、販売枚数よりはるかに多い。そこには、均一的な消費者の行動パターンがある。同時に、販売においては、抽選という均一的にするための方法がとられる。たとえ競技によっては、高額な入場料になったとしても、均質性は保たれているのであり、その限りでは問題は起きない。

他方で、入場券の購入を希望しない人がいる。また、そもそも東京オリンピックを、日本の夏の蒸し暑い時期に行う必要があるのかと思っている人がいる。全体からみればマイノリティになるだろうが、購入することを当然だと思っている人たちからは、変わった人、私たちとは違う人だという目で見られるだろう。こうした人たちが声をあげずに黙っていれば問題は起こらず、無事にオリンピックを迎えることになる。しかし、もし「均一的にお祭り騒ぎに参加する時間とお金があるならば、すぐに取り組まなければならない課題が多々あるのではないか」というようなことを言えば、どのように受けとめられるだろうか。残念ながらまともに取り合ってくれない状況が簡単に想像できる。

均質性が支配する社会になればなるほど、数の大小は別としてそこに属さない多様性や個別性が生まれてくる。具体的な問題が遠くにあるときには関心は寄せられないが、身近に迫ってくると、それぞれの本性がハッキリする。同様に、我慢している、黙っている状況が続けば、問題にはならない。声をあげるということは、そのバランスを崩すことである。その時初めて対話ができるのだが、私たちが均等ではないと理解することになる。当然のことだが、オリンピックの入場券を購入しようとする人たちも、一人ひとりを見ていけば異なっている。しかし、そんなことには関心がない。入場券を購入できればいいのである。

同様に、さまざまな障がいのある人たちが、当然の権利を求めて声をあげている。均質性に浸かっている人に簡単にはわからないだろうが、私たちが均等ではないことを表している。一人ひとりが、均等でないから、その個別性を尊重するのであり、相手をそして自分を大切にすることはそこから生まれる。

3　スピリチュアリティに目覚める

(1)　私が決断するという自由

社会や組織から均質化された人間が求められ、それに従って生きることは、柄やタイプに合うだけの人間となり、取り代えのきく人間になってしまう。また、均等化の関係を求める態度は、私が自ら選択することで自分になることを放棄することを示してきた。どうして自分で選択し、決定することから逃げてしまうのだろうか。

誰しも頼るものがないと不安になる。そのために、つながっていること、関係を壊さないようにする。しかし、いつでも自分以外のものに支えてもらうことは、自分一人では何もできないことになる。自分一人で何でもできると思うのは間違っているが、同様に一人では何もできないも誤っている。この矛盾する事実にどのように向き合うのかが、問われている。

均質化された中で甘んじることは、矛盾から逃れて楽な生き方をしていることになる。表面上は安定しているように見えるが、自分以外の人やモノからいくら保障されても、究極的な安心は得られないことを知っている。なぜなら、外側にあるものから何時見捨てられるかわからないし、支えてくれるものが無くなってしまうかもしれないからである。そのため、無くさないように、捨てられないように、常に注意はしていなければならない。安定を求めながら、とても不自由な生き方をしていることになる。

自分で選択し、決定する人は、自由な生き方をしている。かかわる人やモノを大切にしながら、最終的には自分が決定している。均質化に浸かっている人とは異なり、脅迫的に周囲との関係を維持しようとはしない。自由な人は、文字通り自由に動くことができるのだが、それは相手を、そして自分を大切にしようとして行動するのである。さらに、大事なことは、自分で判断する、フランクル流に言えば自己決断することで責任が生まれる。自己責任のところでも触れたように、先ず何よりも「自分がどのように生きるか」という責任である。

私たち一人ひとりは、不完全で小さな存在である。そして、避けられない運命によって宿命づけられてもいる。しかし、何もできないと諦めてしまうことはない。不完全な人間が、避けられない運命へ、「人生から問われたことに具体的な行動で応える」（フランクル＝2004:112）ことができるのである。そのとき、確実に生きているということを実感できる。そして、より自分になっていくことができるのである。

(2) 自律から生まれるもの

本書でベースに流れるテーマの一つが、一人ひとりの自律である。均質化された社会を望んでいる人たちには、禁句かもしれない。自律した人間は、疑問やおかしいと思ったことをことばにし、周囲の人たちへ関心があり、驚きや冒険心を大事にして物事に取り組むことができる。かかわる一人ひとりを大切にするが、決定は自身の良心に基づいて行うことができるので、一人になることを恐れない。これまで示してきたことを集約すれば、均質化された社会や人間を問いかけることで、自律した人間になっていくことができる。

実際には、完全に自律できている人はいない。一回、一回の実践や行動において問われてくる。危うさは常にあり、人間は不完全で、弱い存在である。自身の選択によって、信頼を裏切る決定をすることが、常に起こりうる。それが、自律しようとする人間の宿命であり、生きている限り続く。どんな決定をし、行動をするのか、決められたストーリーは無く、自分で決めるのだが、だからこそ新たな自分が生まれるという可能性がある。フロムが指摘するように、「神は動物などを完成させたが、人間だけは未完成だった」（フロム＝2010:94）のだが、だからこそ自らを発展させることができるのである。そのためには、失敗から学ぶ、あるいは成長するという社会の寛容さが問われている。

同時に、自律した人間は、既存のモノの見方、新しい考えや知識をそのまま取り入れることをしない。必ず、疑ってみて、自分で確認する。ものごとを探究するとき、自分にとって自明なことを問いかけることで新しい発見をすることができる。そのためには、自分の感性を鍛える必要がある。自分の内側において頭で考えて分析するのではなく、外側にある対象との関係においてしかできない。感じることで気持ちが動くと、私たちは行動できる。今まで見えていなかったことが、見えるようになるのだが、それは見えているものの中からしか生まれてこない。

もう一つ、紹介しておきたいのが、「受けとめる」という態度である。一般的には、働きかけることが主体的なことだと理解されているが、実は自律した人間は、相手とのちがいを受けとめることができる。また、それまで気づかなかった自身のちがいを受けとめることができる。均等化した関係の中では難しいことだが、ちがいを受けとめ、「私がちがいをどのように受けとめたかを相手に表していく」こと、そこから共生が生まれる。

(3)　スピリチュアリティに目覚める

外から求められる質に応じて生きるのではなく、個々が自律した生き方ができるといい。そのために必要となる幾つかの課題を示してきた。矛盾する難問に立ち向かうには、学問的には現象学が役立つ。現象をありのままに記述し、理解すること。さまざまな概念や原理を基礎づけることを行うことができる。特に「理解すること」が重要になるのだが、研究においては目的に縛られて、実践においては業務を進めることに囚われて軽視されている。理解には、主観、感性、世界、身体といった思考や行動の基本になることを抜きに取り組めない。

均一化された社会において、多くの人は排除されないようにある枠の中にいること、保障してくれるものとのつながりにしがみついている。自律するとは、枠から外へ出ること、つながりを手放すことを意味している。そうしたことを決断する瞬間があるのだが、スピリチュアリティに目覚めるときである。ここでは、スピリチュアルケアを推進する窪寺俊之が示している考えに基づいて検討してみたい。一つは、「大いなるもの、自分を超えたものに触れる」ということである。おそらく気づいたら話していた、行っていることになるのだろうが、日常の役割に生きる態度から超越するときである。窪寺は日常が水平の関係であり、それに対して垂直の関係と呼んでいる。（窪寺＝2017:336–337）併せて、確認しておきたいのは、私たちは役割なしには生きられないということである。だからこそ、スピリチュアリティに目覚めることが必要になる。

スピリチュアリティについて、癒しが指摘される。素敵な音楽や素晴らしい自然で癒されることもあるだろうが、凡人にとっては日常のさまざまな悩みに向き合えたり、他者にわかってもらえたときにも、「ああこれでよかったんだ」という気持ちになり、癒されることが起こる。同時にそうした体験は、困らないように生きることで失ってしまった自分自身を、もう一度取り戻すことを可能とする。（窪寺＝2017:336–337）したがって、本章で示してきたことへ取り組むとは、まさしくスピリチュアリティに目覚めることによって可能となるわけである。

詳しくは第Ⅲ部で論じるが、一般的には否定的に捉えられている孤独、不安、別れなどは、スピリチュアリティを目覚めさせることにかかわる。こうした人間的体験は、避けたいものごととして語られるが、人間が人間になるためには不可欠な体験である。当然のことだが、私たちは苦悩することになる。その苦悩と向き合うことで、スピリチュアリティに目覚める。先の見えない今日の社会で、どうしたら希望を持てるだろうか。希望は「ただ待っていても生まれてこないし、また無理矢理作り出せるものでもない。」（フロム＝1968：27）のである。スピリチュアルなものに目覚めた瞬間に希望は生まれるのであり、スピリチュアリティが私たちに呼びかけるものの可能性は大きなものがある。

〔注〕

（1）沈黙は同意を意味するのではない。沈黙は死を意味する。
Sara Paretsky(2007, 2010)Writing in an Age of Silence Dominick Literary Agency(=2010　山本やよい訳『沈黙の時代に書くということ』早川書房 183)

（2）複数的実存が生まれてきた過程を歴史心理学の視点から現象学によって実証している興味深い研究である。分業化などの社会の発展が、タイトルにあるように個人を引き裂くのだが、そこでのもう一つの課題が均質性である。
van den Berg, J.H. (1974) Divided Existense & Complex Society, An Historical Approach, Dequesne University Press (=1980　早坂泰次郎訳『引き裂かれた人間　引き裂く社会』勁草書房)

（3）　われわれは先に二つの新しいことが一七四〇年ごろに始まったことを見て来た。自然に、対象に関すること、自己に関することである。どちらも本質的には同様である。すなわち分割なのだ。
同上書　p. 140

〔文献等〕

Frankl, V.（1984）Homo Patiens: Versuch einer Pathodizee, Verlag Hans Huber Bern（=2004 山田邦男・松田美佳訳『苦悩する人間』春秋社）
――（2005）Ärztliche Seelsorge, Grundlagen der Logotherapie und Existenzanalyae, Zehn Thesen über die Person 11, überarbeitete Neuaflage（=2011 山田邦男監訳『人間とは何か―実存的精神療法』春秋社）
Fromm, E.（1968）The Revolution of Hope, Harper & Row（=1970 作田啓一・佐野哲郎訳『希望の革命』紀伊國屋書店）
――（1966）You shall be as gods, Harper & Row（=2010 飯坂良明訳『自由であるということ―旧約聖書を読む』河出書房新社）
――（1981）On Disobedience and Other Essays, New York: The Seabury Press（=1983 佐野哲郎訳『反抗と自由』紀伊国屋書店）
井上忠司（1977）『「世間体」の構造』ＮＨＫ出版
van den Berg, J.H.（1968）Divided Existence and Complex Society, An Historical Approach, Duquesne University Press（=1980 早坂泰次郎訳『引き裂かれた人間　引き裂く社会』勁草書房）
窪寺俊之（2017）『スピリチュアルケア研究―基礎の構築から実践へ』聖学院大学出版会

第2章　生身のかかわりと思考への囚われ
―なぜ、多くの人は自分を表せないのか

グループスーパービジョン研修を行っていると、参加者が他のメンバーの発言にストレートに自分の感じたことを伝えるのではなく、考えて、解釈をして返すことが多い。できるだけ当たり障りのない返答をしようと、頭で考えたことを伝えることで相手と接し、生身のかかわりをしていないのである。そのため、話した人は、自分の話したことが相手に伝わっているか、いないのか、わからないままモヤモヤした気持ちで取り残されることになる。

自分の感じていることを表わすこと、今の自分を見せることには抵抗があるようだ。考えたうえでの意見は言えるのだが、スッと自分を表すことができない。自分を表すことができると、自分の殻から外に出て行き、相手のところへ行くことができる。そのとき、私たちは、自分のことが相手に受けとめてもらえたかを生身で感じることになる。お互いが触れ合うことで身体が固くなったり、緊張するが、その瞬間に喜びや痛みを感じるというのが、生の感覚である。

対人援助の専門職が、最も陥りやすいのは「経験と利用」(M. Buber=1967:51-52) という態度である。実践を積むことで、自分の中にたくさんの引き出しを持つことで安心し、引き出しから自分が経験的に

知っていることを取り出して利用する。見ているのは、目の前の相手ではなく、自分の中にある引き出しの方である。そのことにより、「今・ここで」の直接的な経験を間接的な経験にしてしまう。自分を使うことで自身を鍛える機会なのに、自分を使い捨てる体験にしてしまっているのである。

　このように生身のかかわりができず、多くの人が思考することに囚われている。なぜ、私たちは、ストレートに自分を表すことができないのか。その理由は頭で考えられたことばが優先されていて、ことばにならないものが見失われているからである。ここでは、行動のなかにことばにならない思考があり、実践知とは思考することではなく、感じて、身体で動くことに根付いており、生身のかかわりからしか明らかにできないことを示していきたい。

1　ことばで考えることの優位性

(1)　聴く態度に潜在しているもの

不思議なことだが、経験を積むほど、ただ聴くということができなくなる。学生でも、優秀で、真面目な人ほど、同様の傾向にある。多くの場合に、「どうやって返答するか」を考えて聴いているのである。考え出すと、本来は相手との関係の中で共同作業として聴くのだが、一人だけの作業になる。もちろん、考えることによって聴くことはできなくなる。しかし、自分が聴いているというポーズをとることで、本人にとっては聴けているかが、つまり自分のことが関心の対象となっている。

積極的に聴くことを英語で示すのがListenであり、対人援助職の人たちは、「傾聴」を学ぶことで聴く態度を身につけてきている。最初に行うのは援助関係を作ることで、そのために援助者は相手に近づき、距離を縮めようとする。だが積極的に聴かなければと無理をすると、相手が引いてしまって、却って距離が開いてしまう。いつの間にか、援助者が主体となってしまい、先に示したように聴くことが相手との共同作業だということが忘れられ、一人で行っている。そして、相手の世界へ入っていこうともがいているのである。

実践の場では、どこでも効率性が求められている。たとえば、医療型障害児入所施設では、医療的な処置を行うことには職種（医療・福祉）に限らず共通の理解が得られる。ところが、ちょっとした声掛けをしたり、様子を見ることには抵抗がある。無駄な時間と捉えられるのだが、その日の利用者のことを知るには大切なことである。また、面談をして相談事を目的に沿って先に進めようとするとき、沈黙が生じると効率性を損なうものとして避けられる。沈黙が生まれ、間が空くことは不安なことであり、裏側では、自分が安心していられることを求めている。しかし、沈黙という前へ進まない時間は、対話が生まれるチャンスであるし、私たちが、ことばに頼り過ぎていることに気づかせてくれる。

(2)　ことばにすることで意味を発見する

沈黙の大切さにわかると、ことばによってお互いに理解していると思っていることに疑問が湧いてくる。私たちは、かたちとして見えるものをことばにすることで共通の理解ができると思っている。たとえば、私のお気に入りの万年筆を提示すれば、誰もがそれを万年筆として認めるだろう。ところが、私が三〇〇人の前で講演しているとき、参加者は話を興味深く聴いているのか、面白くないと思っていのかはわからない。確認してみないと、ことばにされていないことへの共通の理解はできない。ことばにすることで、つまり、万年筆と同様に〈かたち〉として見えるものになるのである。そのため、ことばによって示すことで意味を共有できると思っている。

では、ことばにできないこと、捕らえきれないことはどうなるのだろうか。私たちが体験していること、生きられる世界でことばにする以前にある意味をことばにする。当然のことだが、すべてをことばにすることはできない。言語を現象学から考察するクワント（Remy Kwant）は、「意味は完全に主体そのものから生ずるという考えを、また、意味を与える実存の外に独立してあるという両方の考えをしりぞける。そして、意味は主体と他者との対話、出会い、相互作用のうちに発生する」（1972:49）と指摘する。たとえば、集団音楽療法を行うミュージック・ケア[1]の実践においては、ことばにすることが難しいことを体験することがある。以前に次のような実践を理学療法士のMさんと話し合うことで、そこで起こっていることの意味を見つけることができた。

脳梗塞の後遺症ために右片麻痺のある方が、私の担当する保健所のデイサービスのメンバーにいます。その方は、病院でのリハビリテーションを継続して受けていましたが、麻痺側の方はいくらリハビリをしても動かせないままだったそうです。ところが、デイサービスのプログラムでミュージック・ケアへ参加するなかで、気がついてみたら音楽に合わせて手を動かしていたのです。同時に、驚いたことは、今まで他人に麻痺側を触れられることをとても嫌がっていたのに、そのときは触れられることを嫌がらずに他者を受け入れることができていました。このことを、どのようにことばにして伝えたらいいのか、私にはうまくできません。

健康なとき、私たちは手の先まで自分であり、同時に手の先までが自分であるなどいうことを確かめてもいない。しかし、不自由となった右手は、自分の身体であるのにもかかわらず自分のものとして感じられなく、異物としての対象でしかなかった。それが、音楽に合わせて動かせたことで自分のものとなった。右手が自分の主体として戻ってきたのである。当然のことだが、自分にとっても主体とならないものを他人から触れられることは嫌なことである。自分のものとなったことで、右手は異物としての客体から主体になったのである。右手と行動が一体化されたことで、利用者は自由になり、主体的に生きられる第一歩となった。

病気やケガによる障害のために身体を対象としてしかとらえられないことで、身体機能の問題としてだけでなく、主体的な生き方ができなくなるという課題となる。健康であたりまえに行動できていたときには気づかないことだが、実は身体が私たちの行動を可能とし、さらに個々のその人らしさの基本を支えてくれているのである。（佐藤 =2007:11–12）

実践をことばにしようとすると、「ことばが意味を持つのは、実践に表現を与え、実践に寄与する場合に限られる」（クワント=1972:57）のである。それは表現されてみると、ああそうかと思えることであって、多くの人が何となく気づいていたことなのである。意味を発見するのは、そのことに光があてられることで実感できるときである。

　ところが、多くの場合にことばにすることで一般化、汎用化することを求める。その結果、話す主体（実存）とことばが切り離されて、ことばだけが語り継がれる。また、ことばにされることによって意味が生まれたのではなく、ことばにすることによって意味を発見したことが忘れられる。

(3)　ことばが表すものと限界

　研究においても、言語化することの重要性が強調される。ことばにすることによって問いが明確になり、探究する課題も明らかになる。そのため、ことばにすることの意義は共通して理解されていると言えよう。たとえば、「なぜ、人はよい人間関係を求めるのか」という問いを発することは、仕事をチームでしやすくするために当たりまえに求めているよい人間関係が、改めてどんな関係であり、そのことで得ているもの、失っているものに気づく機会になる。その探究の過程を通して、意味を発見する。ことばに先行して意味はあるのだが、ことばによって意味が明らかになる。ある管理職にとっては、よい人間関係とは、自分が困らないように守るためのものであることがわかった。それは、もともとあったもので、ことばにすることで明らかになったわけである。

　併せて、ことばによって「意味について語ることは、外からガラス越しに指さすことではなく、意味に手を加えることである」（クワント =1972:58）とクワントは指摘する。先に示したように、管理職にとっての人間関係の意味をことばにすると、話す前と後では異なる。どのように受け取るかで意味が膨らんだり、縮んだりと変わってくるのである。「仕方ないことだと思う」のか、「なんとかしなければいけない課題と捉える」のかのちがいとして表れる。したがって、理解していることを私たちは話すだけでなく、話すことで新たな理解が生まれている。

このように検討してみると、ことばにすることは意味を明らかにするのに有効な方法であるのだが、他方で限界もあることを知る必要がある。なぜなら、ことばによって明らかにすることとは、ことばによって、ある側面に光を与える。そのことは、同時に抜け落ちるもの、見えなくなるものを作り出すことになる。元々闇にあったものに光を当てたのだが、ことばにされなかったものは闇のなかに取り残されることになる。

ハッキリした知識は、ことばで表現されたものである。あいまいな知識は、体験そのものに根ざしている。なぜなら、人々やできごとの具体的なかかわりの中に存在するからである。私たちは、ことばにすることによって意味を与えるが、同時に与えられた現実の中で意味を受け取っている。どのように受け取るかで、体験の中で見えるものが異なる。つまり、ある人には見え、他の人には見えないのである。ことばにすることによって、見ているものを、見えるようになる。わかっていることを明らかにすることができる。しかし、全てを明らかにすることはできない。闇は永遠に残ることになる。私たちは、ことばで考えることや話すことに優位性を置いているが、「闇が光のはじめとなりうるのは、われわれが闇を闇として意識するからにほかならない。いいかえれば、問題を知らない生活からは、みのりある対話は生じてこない。」（クワント＝1972:232）のである。闇を闇として知るのは、あるいは問題を知るのは、ことばによってだけではなく、次に示すように私たちの身体知からなのである。

2　実践知と理論知　―ことばから実践の中での思考へ

(1)　実践や行動は知識の一種である

私たちは考えるときには、ことばを使う。しかし、ことばが私たちの考えをすべて表してくれているのではない。たとえば、相手の話を聴いてモヤモヤして不全感があり、その瞬間に自分を表すと、ことばを使って考えたのではなく、身体が理解し、動いたことになる。先に紹介したミュージック・ケアの練習に取り組んでいるとき、うまく曲にあっているかなと考え出すと、うまくいかない。考えることで、音を対象として捉えようとしており、音が主体としての私と別のところに行ってしまう。対象と距離が生じると、実践がうまくいかない。反対に、身体と音が一緒になっているとき、実践が動き出すのである。

このように頭でことばを使って考えて行動するのではなく、私たちは身体で実践しているのだが、そこには行動の中にことばにならない思考がある。「私たちの実践、行為はすでに知識の一種なのである」（クワント＝1972:244）とクワントは強調する。そのことについて、看護師が行う処置の例を示している。病室には寝たきりで、ほとんどことばを発せられない患者がいる。看護師は部屋に入り、患者を見ることで相手の必要とすることを知り、患者の望みを理解する。決まりきった処置を行うのだが、相手の気持ちを理解しながら行っている。患者は理解してくれている看護師にケアされるのがいい。看護師は、行っていることをことばでは言えないが、適切な対応ができる。また、処置とは関係のないことを話しかけながら対応することで、苦痛を和らげて処置を行っている。

このように「行為そのものの現実的な、しかしことばにならない思考が存在する」（クワント＝1972:245）のである。実践知と言えるものであるが、理論知と異なり、予め知っている理論の応用ではない。だからこそ、宝物の宝庫であり、私たちは、いわば必然という偶然に出会うことで、さまざまな発見ができる。まさしく、生身のかかわりが生み出すものなのである。

(2)　身体による思考の豊かさ

ミュージック・ケアの実践においても、この実践知が生きている。曲に合わせて身体を動かす参加者は、実践のなかで自分を表現している。それは、全く予期し得ないものである。私たちは、人間の内面にすっかり完成されたかたちで予め与えられた何かを、表に出すのではない。いわば、人間は表現の中に実存し、表現のなかで自己を自覚するのである。こうした機会とは、ことばによってではなく、身体を動かし、感じることで表される思考である。昨今のエビデンスの議論においては、実証性が求められる中で、こうした実践知が危うい状況になっている。私たちの実存に根付いている身体知を大切にするにはどうしたらいいのだろうか。

未だに表現されていないものを表現することは、ことばによって可能である。たとえば、以前に筆者はよいを人間関係をもたらす「スムーズに流れる時間」に対して、お互いを大切にする「ゴツゴツした時間」と表現した。自身の実存的体験、身体知をことばにしたものである。当然のことだが、自身にはピッタリしたので生まれた表現であるが、それですべてを表現できているわけではないし、誰にでも伝わるというものでもない。闇は残っている。だが、今まで表せなかったことを、ゴツゴツとした時間ということばを生みだすことで、光にあてることができたのも確かである。

次の事例を通して具体的な対話が生まれる瞬間から検討してみたい。簡単にはことばにならないのだが、実践知を明確にするチャンスである。

医療ソーシャルワーカーを対象としたグループスーパービジョンのときのことである。全一一回の研修も進み、個々のメンバーが自身の事例を予めまとめ、発表することを通して課題を明らかにすることを行っていた。

当日の発表者は、急性期病院に勤務する中堅どころのMソーシャルワーカーだった。彼女のそれまでを見ていると、とても気配りができ、またしっかりしているという印象を私は持っていた。ところが、退院援助の事例の発表を通して出てきたMさんの態度は、クライエントの気持ちを考慮せずに、病院の都合で行動していて、そうした自分の態度が改めてハッキリし、気落ちしている様子が伝わってきた。

次回にそれまでの振り返りのスーパービジョンを行ったのだが、Mさんから前回の事例へのかかわりを通して、この一ヶ月間に感じていた自身のソーシャルワーカーとしての態度で気になっていることが話された。ことばではあまりハッキリと表わされなかったが、事例を通してクライエントを大切にすることを「できていない」ということへ気づいたことが伝わってきた。

それを聞いていたメンバーのWさんから、「私は日頃の仕事からMさんと連携することがあり、とても丁寧に仕事をされており、誠実にしていることがわかっています」という趣旨の発言があった。Wさんが M さんの誠実な仕事ぶりを語っていくと、他の人たちがみんな気になる顔になり始めた。なぜ、そんな風に受けとめるのだろう、何でなんだろうなと、何人かがWさんに返していった。それで今度はWさんが困ってしまい、本当に困った顔になった。Wさんは人から言われると真面目に、真剣に考える人で、その時、時間が止まってしまった。おそらくそんなに長い時間ではないが、二分か三分沈黙があり、止まってしまった。その時間が、実はWさんに、またメンバーにとって大事なものになった。その時間があったことによって、Wさんは「私が取り組む課題がわかりました。見えてきました。」と話してくれた。その時が「今・ここを大切にする」ということであり、そして、今ここで起こっている瞬間なのである。そして、この「今・ここ」は永遠になる。時計の時間でいえば二、三分なのだが、本人にとってみるとそこで体験している「今・ここ」は永遠である。そのなかで実は自分がどうやって課題と向き合うかということが生まれてくる。そのため、今が永遠になるような体験であり、スピリチュアリティが覚醒するときである。

こうしたやり取りの中でWさんは、最初は気づけなかったのだが、自分が今のMさんのことを受けとめていないことに気づき始めた。そのサインが、困った顔、固くなった身体に表れていた。Wさん自身も何とかしたいと感じていることがわかった。しかし、スーッとはことばにできないもどかしさが続いた。しかし、本人の中で大切な発見があり、これまでの自分から動き出していることが明らかになった。そのことを、私たちはスーパービジョンにおいて確認ができた。ことばにできなくても、身体知として確かなものが生まれ、また行動できることにしてくれることがわかろう。そして、身体が憶えてくれているので、これからサボることができない。

(3)　ことばを、自分を大切にする

誰が、どのように行っても、ことばにすることには限界があることを指摘してきた。しかし、ことばによって思考することに優位が置かれている現実があるのも確かである。その背景には、たとえば会話において自分を守るために先のこと、周囲の反応を考えることがある。ことばで思考することで、不安を避けるための準備を頭の中でしているのである。ところが、ことばにしたことですべての不安を解消できるのではなく、自分の身体のなかには不安が残っていることに気づく。つまり、不安を解消しようとする行為が、反対に不安を作り出すことにもなるのである。ただし、ここでの不安とは、非本来的な不安であって、私たちが、もともと不安な存在であるという本来的な不安とは異なる。

上記のような状況とは、実践の中で起こることであるが、多くの場合に後になって振り返ることで気づく。反対に、実践の中で発見したことをことばにすることとは、今の自分を表すことになる。予め用

意されたことがらを話すのではなく、今、突然に生じたことを話すのである。したがって、話している私がことばにそのまま表れている。面白いことに話すまでは不安を感じるが、話すことでスッキリし、自由になる。ことばを大切にすることと、自分を大切にすることが同時に起こっているのである。

理論知を目指す研究においてはどうだろうか。概念や論文におけるキイワードは、研究者や著者にとって大切にしたいことばである。実践知に基づいて概念やキイワード求める人にとっては、自明なことを基礎づける試みの中で新たな概念化をしたり、キイワードの意味を深めたり、拡げることができる。たとえば、本章でも取り上げたように傾聴とは、単に支援者が積極的に聴くことではなく、相手の関係において「聴ける」という受け身であるが、能動的なかかわりである。相手を受けとめようとする態度が伝わると、クライエントは自分を開いてくれて聴きやすくなる。支援者が一人でするのではなく、クライエントとの共同作業をしていることを明確にすることができる。

他方で、こうした体験の概念化によって、聴くということのすべての可能性を捉えることができるかというと、やはり限界がある。これまで示してきたように、言語化できることは限られており、現象の本質や意味をすべて明るみに出すことはできない。必ず、闇が残り、闇があることで新たな知見に光を与えることができる。したがって、この歩みにはゴールが無い。私たちは、いつも最初からやり直していかなければならないのである。メルロ＝ポンティ（Merleau-Ponty, M.）が指摘するように「こうした現象学の未完結性と、いつも事をはじめからやり直していくその歩みとは、一つの挫折の兆候ではなくて、むしろ不可避的なものであって、それというのも、現象学は世界の神秘と理性の神秘とを開示することを任務としている（傍点佐藤）」（Merleau-Ponty=1967：25）からである。できている、わかっていると過信して始めることで、実際には私たちの身近に大切なものがあるのだが、見失うことになる。積み上げることで学びを確かなものにするだけでなく、一回性の学びから得られることに神秘性がある。

3　生身のかかわりの凄さ

(1)　お互いの世界に触れる、入っていく

会議において話し合いをテンポよく進めることに慣れている人は、テーマから外れないような言動をすることが身についている。グループスーパービジョン研修に参加する対人援助の専門職にも、そうした人が多いのが実際である。ところが、スムーズにものごとを進めようとする態度が、対話の妨げになっていることに気づいていない。具体的なスーパービジョンの場面から考えてみよう。

Sさんは、自身の課題を「自分を表すこと」としていた。スーパービジョンでは自身の悩みや課題を積極的に話し、メンバーも熱心に聴いてくれていた。そのため自分を表すことができていると思っていた。ところが、仕事においてはとても細かなところまで気になるのだが、日常では全然ズボラであると自分の態度を話すと、あるメンバーから「仕事と日常の生活ではSさんは違うのですか」と問いかけられた。それまであたりまえに思ってきたことが、改めて問い直されるとSさんは揺らいでしまい、スー

ッと返答をすることができなくなってしまった。気がつくと、少し沈黙の時間となり、それまでのことばのキャッチボールをすることでスムーズに流れていた時間が止まってしまったかのように感じた。

重苦しい沈黙が続く中で、Ｓさんは何とかしなければと悩んだ。そのとき、スーパーバイザーから「Ｓさん、困っているようですね」と声掛けがあった。「先ほどから何とか答えなければと考えているのですが、どう答えたらいいのかわからなくて辛いのです」とやっとの思いで話すことができた。続けて、他のメンバーが「Ｓさん、今話してくれたのが今の気持ちですよね」と応えてくれた。それまでの自分の考えたことを話すのとはちがい、今の自分を表していると実感できた。不思議な体験だったが、その瞬間にグループの場がとても暖かいものに感じた。

対人援助の専門職に限らず、質問されるとよい答えを返す、アドバイスすることを相手から求められていると考えがちである。Ｓさんも答えを返そうとしたのだが上手くいかず、そのやりとりの中で質問が問いに変わった。あるいは、自分の引き出しから何かを出して返すのではなく、今の自分が問われ、自分を使うことでしか対応できなくなったのである。メンバーから問われたことで、確実に問いかけた人がＳさんの世界に入ってきた。悩んだ末に必死になって応えようとすることで、問いかけたメンバーの世界へ入っていき、自分の気持ちを届けようとしている。その瞬間が「生身のかかわり」である。生身であるから、ぶつかり合うことで苦しみ、暖かさを感じられる。しかし、こうしたお互いの世界に直に触れ合うことを避けることが、よい人間関係を求めることによって起こっている。

相手のことを受けとめる、また相手に届けようとするとき、お互いの世界に触れ合う中での決断が必要となる。この決断とは、日常のヨコのつながりから「飛躍する」(Jaspers, K. =1964:8) ことでタテの関係へ動くことであり、あるいは、「垂直の関係になる」(窪寺 =2017:336) ことである。この決断は、先のことを恐れていてはできない。私たちが、もともと一人では生きていないこと、相手へと自分への信頼によって可能となるのである。

(2)　動いているものを捉える

学生と食事をする機会があると、必ずと言っていいほど出された料理をスマートフォンで撮影する場面がみられる。写真だけでなく、アプリのインスタグラムを使って動画がSNSで配信されている。また、観光地では、景色を自分の目で見るよりも、写真に撮ることに熱中している人がたくさんいる。そして、風景と一緒に自分たちの写真を撮っている。画像にして捉えることに夢中になり、〈今・ここで〉を楽しみにくくなっていると感じる。なぜ、そこまで画像として記録をすることに熱中するのだろうか。

写真を撮るということを例にあげて考えてみよう。私の大好きなアイルランドのモハーの断崖に行くと、たくさんの人が写真を撮っている。写真を撮るということは、現在を止めて、それをいつでも示せるようにする行為である。現在を止めてそれをいつでも示す、そうすることによって「見る」という行為を「見せる」ためのものに変えてしまう。本来ならモハーの断崖は、下でものすごい波しぶきがあがっている。それを見ていると吸い込まれそうになるのだが、そういう気持ちを長く味わっている人は極めて少なく、高級なカメラを出し、あるいはスマホを使って写真を撮っている。要は、「見る」という行為を「現在を止めていつでも示せる、見せる」ためのものに変える。何が問題になってくるかというと、止めることによって時間が持続しているということを忘れてしまう。本来、時間は持続しているのである。

反対に、絵を描くことは、まさしく時間が持続していることを表していることになる。その時見た時のことしか描けない。だから描きかけの絵は、当然次に描いた時は別のことが入ってきて、描かれる、あるいは直すことができる。時間は持続しているということが、実はすごく大事なことである。メルロ＝ポンティの表現を借りれば「写真は時間の超出・浸食・変身を打ち壊してしまうが、絵画は逆にそれを見えるようにしてくれる」(1966:294) のである。このことに関連して、歴史心理学の視点からオランダの現象学者ヴァン・デン・ベルク（J.H. van den Berg）が「写真と肖像画」において、初期の段階で撮影されたときに、よく写真によるポートレートが自分と似ていないと言われたことを取り上げている。なぜなのかを探究する中で、「画家は、ポートレートをつくる必要のある時点とは関係なく、全生活を描く」と言い、反対に「写真は全生活から一瞬だけを孤立させる」（1980:221–222）と指摘する。つまり、一瞬だけをとらえた写真では、「過去を切り捨て、将来を凍結させる」（1980:225）ことになるのである。したがって、モデルとなった人の全体を捉えていないのである。

モハーの断崖

現実の生活においては、私は動いている相手と接しているのだが、同時に私も動いている。私が動きながら、動いている相手を捉える、わかろうとすることは原理的に考えてみれば難しいことは明らかである。しかし、より相手を全体的に理解しようとすれば、そうした方法でしかできないし、現実にはできていることもある。どんな場面が思い浮かぶだろうか。たとえば、頭で考えているときには、たとえ過去や未来のことを思い描いていても、現在の中で一人閉ざされた状況にいることによって行っている。それに対して、身体で感じて動けるときとは、過去が身体に住みつき、未来に向かっている相手に開かれた私がいる。動いている私だからこそ、動いている相手を、より全体的に捉えられるのである。だからといって完全に全体に理解できることはない。なぜなら、動きとは運動であり、止めてしまえばそこで終わりになってしまうからである。

(3)　自分から外に出て自分を見る、見せる

私たちは、日常の生活や実践のなかで、自分の行動を振り返ることを行う。対人援助を実践する人にとっては、この振り返りの作業が大切だということを学んでいて、実際に多くの人が行っている。この振り返りとは、個々が自分の内側で一人だけで行う作業である。それに対して、実践を事例にまとめる、また発表するという行為は、自分の中に留めて考えるのではなく、自分を外に出すことになる。スーパービジョンにおいて個々の課題を示すことも、自身を外に出すことになる。外から自身を見つめ直す機会になり、日々の繰り返しの業務の中で埋没していた自己を目覚めさせる。こうしたことは、自分の内

側だけの作業からは見えないことを見えるようにする。実存という、ex-ist まさに自分の外に立つという体験をするのであり、「自己自身から出て、自己自身に向かって歩む」（Frankl, V. =1961：99）のである。

自分を外に出すことによって、出された自分がグループスーパービジョンにおいては、他者から見られることになる。いつも自分を守り、見せないようにしている人にとっては勇気のいる体験となる。スーパービジョンに参加することを躊躇する人が多いのは、どこまで気づいているかわからないが、自分が自分を外から見るだけでなく、外に出した自分を他人から見られるという怖さがあるのだろう。外に出してしまえば隠すことができない、また逃げることができない状況が生まれる。しかし、だからこそ、本章で紹介してきたようにスーパービジョンにおいて新たな発見ができるのである。

外に出された自分へのかかわりだから、まさしく生身のかかわりである。興味深いのは、外に出された私をどのように受けとめるかが、私も含めて一人ひとり異なるということである。たとえば、ある制度の利用について他機関から紹介されてきたクライエントへの対応をスーパービジョンで取り上げているBソーシャルワーカーがいた。面接をすると、いろいろとクライエントに対して疑問を感じていた。しかし、自分の役割は頼まれたことに対応すればいいと思っていたので、あえて踏み込まなかった。その後、いろいろな経過があって、今度はクライエントが積極的に相談して来た。今度は、自分からかかわりたいと対応することにした。

事例を提出したBさんは、一連の経過の自身の態度を「相手が線を引いている」ので踏み込まなかったと話した。それを聴いて、他のメンバーからは「Bさんの方が線を引いているように感じる」という発言があった。このように自分を外に出してみると、他者の理解がストレートに届けられることが起こる。本当に、一人ひとり受けとめ方は異なることがわかるし、それが当然だとも共有できる。ここからが、スーパービジョンの醍醐味である。Bさんが感じていたこととは、真逆の受けとめ方が出されたのだが、それをどう受けとめるかである。Bさんにとっては、すんなりと認められることではなかったようだが、苦しみながら自分が線を引いていたと受け入れた。こうしたことが、スーパービジョンにおいてソーシャルワーカー自身が最大の事例であるという由縁である。この事例に限らず、Bさんがクライエントに対してどのような態度を取っていたかが明らかになり、向き合える時となったのである。自分を外に出して、生身のかかわりができると、お互いの理解が一気に進むことが起こる。自分の中で考えていてはできなかったことが、できるようになるのである。まさしく、生身のかかわりが、私たちの生を目覚めさせる瞬間である。

〔注〕

（1）ミュージック・ケアとは、あえてセラピーということばを使わずにケアということばに示されているように、「音楽の特性を生かし、心と心を響かせるものであり、だれでも、いつでも、どこでもできる」ということを特徴としている。詳しくは、次の文献を参照されたい。
宮本啓子（2012）『ミュージック・ケア―ひとりひとりのいのちがかがやくために』川島書店

〔文献等〕

Husserl,E. (1950) Ideen zu einer reinnen Phänomenologie und phänomenologischen Philosophie,Martinus Nijhoff,,Haag (=1979 渡辺二郎訳『イデーンⅠ 純粋現象学と現象学的哲学のための諸構想』みすず書房)

Frankl,V. (1956) Theorie und Therapie der Neurosen, Urban & Schwarzenberg (=1961 霜山徳爾訳『神経症Ⅱ—その理論と治療』みすず書房)

Kwant,R. (1965) Phenomenology of Language, Dequesne University Press (=1972 長谷川博・北川浩治訳『言語の現象学』せりか書房)

窪寺俊之 (2017)『スピリチュアルケア研究—基礎の構築から実践へ』聖学院大学出版会

Jaspers,K. (1932) Philosophie II —Existenzerhellung, Springer(=1964 草薙正夫､信太正三訳『実存開明［哲学II］』創文社)

Buber,M. (1923) Die Sghriften Über Dialogische Prinzip I ,Insel-Verlag (=1697 田口義弘訳『対話的原理Ⅰ』みすず書房)

Merleau-Ponty,M. (1964) La Phénomnéologie de la Perception, Gaillmard (=1967 竹内芳郎・小木貞孝共訳『知覚の現象学Ⅰ』みすず書房)

Merleau-Ponty, M. (1964) L' Ceil et l' esprit ,Gaillmard (=1966 滝浦静雄・木田元共訳『眼と精神』みすず書房)

van den Berg, J.H. (1974) Divided Existence and Complex Society, An Historical Approach, Duquesne University Press (=1980 早坂泰次郎訳『引き裂かれた人間 引き裂く社会』勁草書房)

第3章　スピリチュアルなものを求めて ―個々の不完全さが生み出す可能性

私たちの人生が予め示されたレールの上を進んでいくのだとしたら、生きていくことに大きな不安を抱くことはないだろう。しかし、現実には確固とした保証がないため、多くの人たちは安全を求めて健康に、人間関係にトラブルが生じないように、事故にあわないようにし、自然災害から身を守ることを志向している。だが、どんなに予防しても不幸は起こるし、おそらく人生で不幸を感じることがない人はいないだろう。そして、不幸から抜け出し幸せになることを考え、行動しようとするのだが、そうした生きる態度から果たして本当に生は充たされるのであろうか。

上記のことに関して哲学者ヤスパース（Jaspers, K.）は「人間は、幸福であるときよりも不幸であるときの方が、自分自身であることのできやすいものである。だから逆説的なことには、人間は、幸福であろうとするにはあえて勇気をもたなければならないほどである。」（1932：404）と指摘する。したがって、困難に直面したとき、私たちは苦悩する中で幸福なときに気づかなかった生きる意味を見出すことが可能になるのだが、逆に幸福のなかで自分自身であることの難しさを教えてくれている。

困難な課題に直面したとき、私たちは自分の無力さやできないことを嘆く。そして、困難な理由を課題の大きさや困難さの所為にする。そうした態度からは、先のヤスパースが指摘するような「自分自身であることのできやすいものである」という生き方にはならない。しかし、不安の中で悩みながら困難なことを自分自身がどのように引き受けるかによって、制限された自由のなかで自分らしくなることができる。具体的には、人生の課題に直面したとき、「自分のできないことや弱さ」とどのように向き合うのかが問われる。そうしたときに私たちがどのように決断するのかにかかわるのだが、本章においては人間の尊厳を問い続けたフランクル（Frankl, V.）の言う「不完全さ」（2005:153–159）という存在のあり方から社会・文化的な世界であたりまえにしている生き方を明らかにし、基礎づけることを行なっていく。

1　不確実なことを確信する

(1)　実証的であることの確認

ここで最初に検討しておかなければならないことは、不完全さや弱さというテーマに取り組むときの学問のスタンスである。いわゆる科学的な方法に基づいたアプローチでは、こうしたテーマに取り組むことに限界があることは容易に想像できる。なぜなら、たとえば「弱さ」とは、個人の体験であり、主観的なものであるからである。実証に基づいた客観性を追求する科学においては正面から取り上げられることはまずない。そのため、多くの人たちが抱いている科学の実証性に対する考えを明らかにする必要があるだろう。近年の保健医療・福祉分野においてエビデンス（evidence）が強調されているが、そこでも実証性に基づいて示されるということが多くの場合に自明なことになっている。したがって、実証性をどのように考えるかは、エビデンスの基になる考えを方法論的に問いかけることであり、エビデンスを基礎づけることになる。

　実証性の根拠となることは、多くの場合に科学的な手続きを踏んでいること、具体的にはどんな方法で研究されているかである。実験であり、また最近では調査においては量的・質的な調査方法に基づいて行なわれていることが一般的であろう。ここで注意しなければならないのは、一つは仮説に対する考えである。当然のことだが、仮説は研究者の主観によって立てられる。最近ではグランデッドセオリーのように仮説を立てない方法もあるが、やはりそこにも因果律の絶対視や還元主義など研究における先入観が入り込むことも起こる。したがって、客観性を求める科学的研究において、避けて通れない方法論的なテーマとなる。

　そこで改めて実証性ということを検討する必要がある。かつてフッサール（Husserl,E.）は経験主義を批判するなかで、「もしも『実証主義』ということが、一切の学問を、絶対に先入見に囚われずに、『実証的なもの・そこに定立されているもの』すなわち原的に把握されるものの上にもとづけようとすること、といったほどの意味のものとするならば、われわれは真性の実証主義者なのである」（フッサール=1950:108）と言明している。つまり、現象学こそ実証性を重視した学問だと言っているのである。なぜなのだろうか。そこには、現象学的方法は、先入見に囚われずに前提となっていることを明るみに出すことを徹底していることが論拠になっている。

ところが、現象学は一般的には実証性から程遠く、難解な観念の哲学と理解されていることが多い。取り上げられるテーマは、世界、身体、時間、意味など、すべてのことが私たちの主観や体験にかかわり、いわゆる科学的方法では証明されにくいテーマである。しかし、先に指摘した実証的方法の仮説や先入観とは、まさしく現象学が取り上げるテーマを抜きに成り立たないし、考えられないことも明白であろう。したがって、現象学は、私たちが日常的に経験する現象をこうした生の根本的な課題から基礎づけることを行なうのであり、実証的なものとは私たちの体験に与えられた最も始原的なものを意味していることを教えてくれているのである。

(2)　体験に基づく学問とは

さらにもう一歩進んで現象学のアプローチを確認する必要がある。それは本章のタイトルに、「スピリチュアルなものを求めて」と名づけたことに関連している。スピリチュアルなものとは、一人ひとりが体験することであり、またその体験を抜きに論じても意味が無い。したがって、現象学の基本的な姿勢である基礎づける試みは、当然のことであるが体験を出発点としているのであり、だからこそ主題である「不完全さ」に取り組むことができるのである。体験をありのまま記述すること、そこから始めていくことである。そして、体験を大切にすることが学問を大切にすることを証明していくことになる。

体験に基づくとは、ただ体験することに止まるものではない。現象学的探究とは、体験を体験とたらしめるものを、体験の根底にあるものを明らかにしようとする試みである。たとえば、「見る」という行為は、一般的には主体が対象に働きかけることであると理解されている。ところが、私たちは日常的に「景色が目に入ってきた」という体験をしている。対象の方が働きかけてきているという現象である。また、ソーシャルワーカーが経験を積むことで、「今まで見えなかったクライエントの気持ちが見えるようになった」という体験をする。自分が主体となってクライエントへ必死になってかかわっていこうとしたときに見えなかったことが、気づいたら見えるようになっているのである。こうしたことは、主体と対象とを別々において、主体が対象にどうやって接近するかという一般的な理解を問いかけるものである。一つには、関係からの発想の必要性を示している。したがって、正確には見るではなく「見える」と表現することが、日本語としては妥当になる。見えるとは一人で行うことではなく、「(見える)対象あるいは相手と、(それが見えている)自分との間に生じている現象、あるいは関係なのである」(早坂=1986:87)ということができよう。なお、「見える」というテーマは、続く第Ⅱ部で詳細に検討する。

上記のように体験を理解する際に前提としている知覚の枠組を問い直すことを可能とする。また、それだけではなく、見えるということは、見る人の世界のなかでの革新がおこり、見えなかったものが見えるようになるという新たな体験によって変容をしているということができよう。こうしたことは、宗教哲学者のマクマレイ(Macmurray, J.)が「経験から出発しながらそれらは経験のうちに与えられているものの限界をはるかに超えながら、しかもそれらが合理性をもっているのは、それらが正しく経験に基づいているからなのである」(1946:56)と宗教的反省として論じていることと通じるものがある。体験から出発し、体験を超えたところから体験を捉えなおし、また体験に戻ってくるということを行なうことである。従来の科学的と言われる方法をもって説明することは難しいだろうが、体験に基づいていることを確信することであり、不確実なことの可能性を決断できるようになる。

こうした一連の発見とは、「新たな誕生、覚醒の過程」（フロム＝1956：180）とも言うことができよう。したがって、現象学的方法は、近年注目されているスピリチュアリティを正しく理解することにも役立つのだが、本章では現象学に基づく体験の理解からスピリチュアリティを「生の覚醒」と呼び検討したい。他方で、スピリチュアリティとは霊的なもの、宗教的なものとして受けとめられることがある。ここで注意しておきたいことは、宗教的とは、呪術、呪縛的なものとして勘違いされていることが多々あることである。ここでいう宗教とは、特定の宗教の問題ではなく、宗教的態度であり、それは「私たちの内面の生命の溢れるばかりの豊饒と充実を意味している」（谷口＝1962：186）のである。したがって、正しい宗教の理解と同様に、スピリチュアリティとはあくまでも私たちの体験に基づいており、体験を豊かなものにしてくれ、個々人の可能性を拡げるものである。そうした理解ができれば、たとえばソーシャルワーカーにとってアセスメントし、援助計画を立て、それに従って行動するという方法と、スピリチュアリティを大切にする実践とは、両立するものであり、両立することによってお互いの役割を果たすことになる。このことに関連して宗教哲学者の谷口隆之助は「人は取り除きうる危機はできるだけ取り除こうとし（科学的態度）、取り除きえない危機には、そのまま身をあけわたすことによって生きている（宗教的態度）」（1979：200）と二つの態度を同時に生きていることを自覚することの必要性を示している。

2　個々の独自性を表わす不完全さ

(1)　できない自分を表わす

ソーシャルワーカーとして仕事をしていると、病気や障がいによってクライエントがそれまでできていたことが、できなくなるという辛さを聴くことが度々ある。そうしたとき、私たちは「できなくてもよい」あるいは「できない自分を受け入れる」ことが必要だという対応をする。社会や周囲から必要とされることができなくても、一人のかけがえのない存在して生きる価値があることを知ってもらう。そうすることで、自分の足元を確認し、先に進みだすことができるからだ。

ところが、そうした課題とはクライエントだけに限ったことではない。援助者であるソーシャルワーカー自身が向き合わざるを得ないこともある。以前に、経験はまだ少ないが地道に実践を続けている卒業生のYさんから次のような相談があった。彼女は、脳の奇形による脳出血を数年前に発症し、その後は大きな後遺症もなく職場復帰していた。ところが、数ヶ月前から、身体の調子が悪くなり、〈てんかん〉の発作があった。薬を飲んでコントロールしているが、再発作がいつ、どこで起こるかもわからない。

幸いなことに、勤務先が病院なので理解が示され、また上司も無理をしないようにと気を使ってくれていた。しかし、先に指摘したように予想できないてんかんの発作のことで不安を抱えていた。そのため、今後をどうしたらいいのか、もっと負荷がかからない仕事へ変わった方がいいのではと考え、私のところへ相談に来たのだった。

Ｙさんの話を聴いていて、仕事は大変だが、職場の理解がある。また、病院という環境で発作への対応ができることがわかった。それならば、あえて職場を変わって新しい環境でのストレスに向き合うよりは、今の職場で働いた方がよいのではないかと私は感じた。だが、彼女は辛いといい、悩んでいる。上司を始め、多くの職員が気を使ってくれており、それに応えなければいけないという人間関係も負担になっているようだ。そこでズバリ何が最も辛いのか問いかけてみた。彼女は、戸惑いながらも「こんな私が職場にいていいのか」と毎日思っていると答えてくれた。こうして、今の自分をことばにすることで、向き合わざるを得ない課題がハッキリした。私はＹさんに、「あなたがいつもクライエントに対してできなくてもいい、できることをすればよいと伝えているよね」と指摘した。私のことばに涙を流しながら頷いてくことで今の自分を受け入れ、Ｙさんは決断することができた。そして、とりあえず半年間続けてみて、実際にどこまでできるかを考え、改めて検討しようということになった。

当たり前のことだが、他人に対して行っていることが、自分の問題となると簡単に行かないことが起こる。それは、決して「わかっていない」からではなく、誰もが「一人ではできない」ことを表わしている。クライエントはソーシャルワーカーに受けとめられることで対応が可能となる。同様に、ソーシャルワーカーもできない自分、できないことを誰かに受けとめてもらうことで決断できる。そうした弱さを表わせる自由さが、援助者として成長できる可能性でもある。

(2)　不完全であることから生まれる独自性

困難な課題に直面したとき、私たちは自分の弱さやできないことが明らかになる。冒頭にヤスパースを引用して示したように、不幸のなかにいるときに自分らしくなる機会が訪れている。Yさんは思いもよらぬ病いで苦しんでいるのだが、できないと逃げるのではなく、できない自分を表すことで今の自分を受け入れることができたのである。ここにフランクルが言う生きる意味の基本となる「一回性と独自性」が問われていることがわかる。Yさんは自分の病いの体験からもたらされる一回、一回の困難なことにどのように応えるかが問われている。それに応えることが、同じ一回は二度となく必ず終わりがあること、その中で決断して生きていることが一回性を大切にすることになる。同時に、辛いことではあるが、誰もが有している人間の不完全さと向き合い、自身を独自な存在としてハッキリさせる機会となる。できない自分を表わすことは、「個人は確かに不完全であるが、どの個人もその人独自な仕方で不完全だからである。個人は完全ではなく一面的であるが、しかしそのことによって独自なのである。」(フランクル =2005:153) ということを体現することになる。反対に、フランクルも指摘するようにすべての人が完全であるならば、個人は代替可能となってしまう。このように、誰もがもともと不完全な存在であることが、個人の独自性を示していることがわかろう。

私たちはもともと不完全な存在であるが、個々の不完全さは、社会的・文化的な次元において〈弱さ〉やできないこととして表われる。その際に弱さに対してどのような態度をとるかで自分自身が問われることになる。弱さと向き合うことで、誰もが有している不完全さを、また不完全な私を大切にできる。こうして、私たちは代わりのきかない独自な存在となり、生きる意味を見出すことができるのである。その決断が、「生を覚醒する瞬間」であり、自身の体験に基づいて起こることなのだが、今の自分を超えて行き、そして日々の日常の自分に戻って来ることでつなげられるのである。

他方で、多くの人たちは、社会や組織の中で生きていくために弱さやできないことを表わせなくなっている。たとえば、対人援助職として経験を積めば、また管理職になれば常に後輩や部下のモデルとして、いろいろなことがわかり、できることが求められる。そのため、できないこと、わからないことなどを隠し、自分を守る態度になっている。また、組織全体が立てた目標に向かって歩むことに目を向けており、目標の達成に邪魔になるようなことは、できるだけ避けるようにしている。しかし、そうしたなかでは、いくら教育を体系的に行なっていっても、取り代えのきく職員を養成しているのであり、かけがえのない一人ひとりを大切にする人材養成にはならない。そこに潜在的にある課題とは、人間が不完全であるということを閉じ込めて、見えなくしまっていることである。弱い自分を表わせないことは、自分を、また他者を信頼できない態度であり、孤立し一人で生きることになる。個人はただ機能的に、組織から期待されることに従って行動することになり、その結果、個々人の可能性は奪い取られることになってしまう。

(3)　一人ではできない

数ヶ月後にYさんから連絡があった。その後も悩んでどうしたらいいのかの日々が続いたとのことだった。やはり苦悩することの中からしか決断はできない。同時に、それはできないことを潔くあきらめ、自分のできることを行うと決断することである。苦しいことだが、断念することが大事であり、そうすることで次にすることを揺るがないものにできる。その後、手術などいろいろな経緯があったが、現在は別の病院でソーシャルワーカーをしている。

自分のことになると簡単にできないのは、Yさんだけではない。だから、私たちは、もともと一人では生きていないこと、〈関係性（relatedness）〉が意味をもつ。彼女が体験したことは苦しいことであったが、一人では生きていないという関係性を発見することで、彼女は弱さと向き合うことで新たに生まれることができたのである。したがって、人間が不完全な存在であること、そしてフランクルが教えてくれているように不完全さが個々の独自性であるとは、相手との関係のなかでわかることであり、お互いが独自性を理解していくことで尊重し合える関係になる。

ここでもう一つ確認をしておきたい。社会・文化的な次元で不完全さは弱さやダメさとして表われるのだが、それを受けとめ支えるのは、やはり同様に弱い人間である。強い人間であるとはね返してしまうし、近づきにくい。近づきやすい人は、受けとめてくれる人であり、弱さを出している人である。弱い人間が一生懸命になって相手を受けとめるのであり、だからこそ一生懸命さ、誠実さが伝わるのである。このように考えると、私たちが不完全な存在であることが、人間が関係的存在であることを教えてくれているのであり、一人ではできないことを可能にすることがわかる。困難な課題に遭遇したとき、普段は気づかない弱い、できない自分が見えてくるのだが、そうした弱さと向き合うことは一人ではできない。見守ってくれ、必要な時に手を差し出し支えてくれ、またあるときには突き放すように叱咤激励してくれる相手がいることで可能となるのである。このことは、日常の人間関係の課題に止まらず、対人援助の援助関係ということにおいても共通しているテーマになる。

3　他者の生きざまにかかわるケア

(1)　相手の人生である

対人援助を行う人は、他者の生活や人生にかかわっていき、自分の人生のなかでは登場しないようなことを実践のなかで遭遇する。そうしたとき、相手は今困っているが、助けを求めていない。しかし、辛いだろうなと感じると何かしたくなってしまう。援助者には結構お節介な人が多く、また、お節介でないと人をケアすることはできないのだろう。明確に物事をすべて区分して、これは私の仕事、それは私の仕事ではないと分けてしまえないし、他人のことだけど、気になる。そういう人が援助者には多いように思える。

お節介な人たちが他人の人生にかかわっていくのだが、やはり、それは相手の人生であることを実践するなかで痛いほど身体で知ることになる。援助者がいくら心配をしても最終的には相手がどうしたいか、どうするかにかかっているからである。この辺りの区別がつかないと、ただのお節介な人で終わってしまう。つまり、援助の限界ということがあり、裏返すと可能性もあることになる。いくら援助者がよかれと思えることであっても、相手がそう思わなければ押し付けをしているだけで、ケアをしていることにはならない。

ここで改めて、確認しておきたい。ソーシャルワーカーが支援をして最終的に決めるのはクライエントである。だが、これは本人が決めたことだからと言って、全部それで済ませることはできるだろうか。そうしたらソーシャルワーカーはいなくても同じであるし、あるいは余計なことを言う人はいない方がよいかもしれない。また、ソーシャルワーカーがいることで反発するような決定をするかもしれない。しかし、最終的に決定するのはクライエントであるから、私たちはすべての責任を負うことができない。すべてを担うことはできないが、クライエントが自分で決められるようにかかわるという責任があり、先に指摘した援助の限界だけでなく、そこから可能性が生まれることが起こる。具体的な例から考えてみよう。

(2)　偶然という必然

私のゼミに所属していたKさんは、一般病院のソーシャルワーカーとして就職するが、精神保健福祉に強い関心をもち、五年ぐらい勤めた後に希望して精神科の単科の病院に移ることになった。

初出勤の日に予定では病棟に行き、入院患者に挨拶することになっていたが、その前に少しケース記録やカルテを見る時間があった。記録を読んでいると長期入院している五十代の女性のことが気になった。そのため病棟でその人を探して挨拶した後に、彼は、初対面の相手に対して「ずいぶんと長いこと入院されていたのですから、今後は退院して地域で生活をしていきましょう。そのために私はお手伝いしますよ」と話しかけた。彼はやる気満々で、長期入院している人が地域で暮らせるようになることは、幸せなことだと、学習したとおり、理想どおりに行動したのである。ところが、それを聴いて女性は驚いて固まってしまった。「まずいな」と思いながらも、翌日も病棟に行き声をかけたところ、「私のそばに来ないで」と大声で叫ばれた。Ｋソーシャルワーカーは相手のことを理解しないで、一方的に自分の考えを押しつけたことを後悔した。しかし、それで諦めるのではなく、辛い場面も相当あったが、その後も相手のことをわかろうとしながらかかわり続けた。その結果、半年後に彼女は退院できた。驚いたことに、退院するときにその女性はＫソーシャルワーカーに、「あなたが最初に言ってくれた時は本当に恐かったし、嫌な人が来たと思ったけど、あなたのおかげで私は地域で暮らせるようになりました」と感謝のことばをかけてもらえた。

こうした事例からわかることは、私たち援助者がすべての責任を担うことはできないが、相手が自分で決められるようにかかわる責任があることを教えてくれている。もちろん、本人が納得でき、援助者も良かったと思える決定ができるといい。Ｋソーシャルワーカーは、最初の日に相手を怖がらせるという失敗をし、自分のダメなところに気づいた。しかし、彼はそれでダメだと諦めるのではなく、何度も何度もその女性に会いに行き相手のことをわかろうとした。彼が行なったことは、不完全な自分を使って相手に誠実にかかわるということだった。その結果、相手の気持ちが動いたのだ。それは予め予測できたことではない。

ソーシャルワーカーにとってアセスメントをして援助方針として考えたことを計画通りに進められることは、専門職として求められることである。他方で、対人援助の実践とは、一人ではなく相手がいることで行えるのであり、こちらがいくら綿密に計画しても相手がその通りに動いてくれるとは限らない。多くのソーシャルワーカーは、むしろ計画通りに行かないことを多く体験しているだろう。そこには科学的態度だけでなく、援助者が感じたことを大切にし、自分を使うということで、相手の気持ちを動かし決断できるようになるというスピリチュアリティに基づくケアがあることがわかろう。このように、実践においては常に偶然がつきまとうが、それは一つの必然でもあると言うことができる。そして、この偶然という必然に対応するために求められるは、ソーシャルワーカーの感性であり、ゆえにスピリチュアリティが大切なことになる。

(3)　贈られた生命に対する態度

他者の生にかかわるということは、言うまでもなく大変なことである。その大変なことを対人援助職は仕事として行なっている。援助の実践においては、単に相談のためのケースとしてだけでなく、不完全な存在として課題を通して苦悩し、決断することで自身の生きることを実現しようとしているクライエントに出会う。先に紹介したYさんは、自身が病いによって仕事を続けていいのか苦しんでいる。そして、病いという運命からから逃れることができない。Kソーシャルワーカーが出会った女性は、人生の大切な時期をほとんど病院で過ごし、その過去を変えることはできないし、今後も病院で過ごすことが当たりまえと思っていた。このように、運命的とも思える変えられない状況の中にいる。究極の不自由さの中で、彼女たちは不完全な自分を使って決断することができた。つまり、どんなに限界づけられていても、私たちは自由に生きることができるのである。そして、「無償の生の喜び」（谷口=1962：158）を感じ、生を覚醒することができる。

谷口は、上記のことに関連して、死という誰もが避けられない運命に対しても自由であることができると指摘する。もちろん、死なくなるという意味ではない。死は歴然とした事実としてありながらも、生の一回性のなかで生きる責任に応えることで生を充実させることができる。同時に、不完全な独自性を備えた個々が、自分らしくなることができるのである。こうしたことが可能となるとき、私たちは、論理としてではなく、体験として死へ自由になっているのである。

不完全さから個々の可能性を論じていくことは、私たちが贈りものである生命をどのように受け取るのかという課題を示している。日常の中に埋没していることで、多くの人たちは生命を自分のものであり、好きなように使っていいと勘違いしている。自殺という今日の社会的課題もこのことに関係している。しかし、変えられない運命に対してどのような態度をとるかということで、先に示したように自由になり、生の喜びを感じることができるとは、「贈られた生命を一つの課題として受けとめて生きる」（谷口=1962：159）ことを表わしている。もちろん、そのプロセスは簡単なことではない。事例でも見たように苦悩し、苦しむのだが、そのなかで大切なことを発見できる。

このように、私たちは贈りものである生命をどのように生きるかということが問われており、そのことに応える責任がある。その責任を果たしていく行動のなかで、個々の可能性は開けてくる。可能性に挑む機会は常に身近にあるのだが、多くの人は見過ごしているし、見ようとしない。相手を大切にしようと感じたときに自分のことを忘れて動けるかなのだが、いつでもそこから始まる。

〔文献〕

Fromm, E.（1956）The Art of Loving Harper & Brothers, New York（=1991 鈴木晶訳『愛するということ』紀伊国屋書店）

Frankl, V.（1946）AERZTLICHE SEELSORGE Franz Deuticke, Wien（=1957 霜山徳爾訳『死と愛―実存分析入門』みすず書房）

――（1984）Homo Patiens:Versuch einer Pathodizee（=2004 山田邦男・松田美佳訳『苦悩する人間』春秋社）

――（2005）Ärztliche Seelsorge Grundlagen der Logotheraoie und Existenzanalyse Deuticke im Paul Zsolnay Wien（=2011 山田邦男監訳『人間とは何か―実存的精神法』春秋社）

Husserl, E.（1950）Ideen zu einer reinnen Phänomenologie und phänomenologischen Philosophie, Martinus Nijhoff, Haag（=1979 渡辺二郎訳『純粋現象学と現象学的哲学のための諸構想』みすず書房）

早坂泰次郎（1986）『「関係」からの発想』ＩＰＲ研究会　絢文社

Jaspers, K.（1932）Philosophie（=2011 小倉志祥・林田新二・渡辺二郎訳『哲学』中央公論新社）

Macmurray, J.（1946）The Structure of Religious Experience, Yale University Press, New Haven Connecticut（=1965 谷口隆之助訳『人間関係の構造と宗教』誠信書房）

佐藤俊一（2015）「人間関係の現象学―対象化への視点」足立叡編著『臨床社会福祉学の展開』学文社
佐藤俊一（2014）「見えるの発見―対象とならないものを見る」研究会誌ＩＰＲ　№21　日本ＩＰＲ研究会
谷口隆之助（1979）『聖書の人生論』川島書店
谷口隆之助（1962）『疎外からの自由―現代に生きる知恵』誠信書房

II　見えないものが見えるようになる

第4章　音が私たちを動かす　―直に伝わるという体験

私たちが、日常できごとや人を理解しようとするとき、対象として理解することが身についている。対象とすることで見えるものにし、ことばにすることができる。そうやって理解できると、安心する。反対に、対象として捉えられないものは理解できないこととされ、除外されることになる。したがって、いわゆる科学的、専門的というアプローチは〈対象〉として明確に取り上げることができることが基本となっている。

ところが面白いことに、日常生活においては、意図的に対象として学習しようとすると、難しいことが起こることを私たちは経験している。たとえば、音楽の練習である。ミュージック・ケアの生みの親である加賀谷哲郎は、小学校の高学年になると音楽がきらいになる生徒が多くなると指摘する。その理由は、音楽教育によって規則正しく、美しく表現することを求められるからだ。(日本ミュージック・ケア協会編＝2000:44)音程が外れたり、歌詞を間違えても自由に歌えたのに、それができなくなるのである。教育によって、求められるかたちで音楽をできなければならないと、つまり対象として学ぶということによって起こる弊害なのである。音楽を楽しむことができなくなることは残念なことである。

このように、私たちはできごとを理解するために、対象化する態度を身につけている。また、対象化することで理解できると思っている。近年の保健医療・福祉領域におけるエビデンスを示すためにも不可欠のことになるだろう。しかし、すでに第I部でも示してきたように、ことばにすること、対象として見えるようにすることには限界がある。実際に、私たちの生活においては、すべてこのことを対象として捉えているわけではない。むしろ対象とならないものとの関係を生きるとき、自由に生きていると言っても過言ではないだろう。

1　出会いがもたらすもの

早いものでミュージック・ケアの創始者の宮本啓子さんと出会って、二〇年以上が経った。ということは、ミュージック・ケアと同じ長さの付き合いが続いていることになる。この間に、私は毎年夏に開催される全国セミナー、スタッフ研修のなかでいろいろな人と出会い、その度にミュージック・ケアとも新たな出会いがあり、さまざまな発見があった。

今でも忘れられないのが、重度心身障がいの子どもたちと母親とのこぐまちゃんグループのセッションを初めて見たときのことである。それまで落ち着きのなかった子どもたちは、セッションが始まり、音楽に合わせてお母さんと一緒に身体を動かすことでニコニコしてくる。気がつくと、お母さんも、とても優しい顔になっている。さらに驚いたのは、音楽が止まり、ミュージック・ケアが終了したときの「沈黙」である。沈黙をみんなが共有することで、「ともにいる」ことから新たなかかわりが生まれると感じた。

これは私にとってのミュージック・ケアとの出会いだが、多くの人たちが実際のセッションの場面から感じるものがあって参加する。同時に、セッションを担当しているワーカーとも出会い、自ら体験し、自分もできるようになりたいと気持ちが動く。次に、この体験者が初めて参加する人にセッションを行い、また新たな出会いが生まれる。このようにミュージック・ケアは、その基本とする考えに示されているように「だれでも」行うことができる可能性に開かれている。ただし、この可能性を実現するには、音楽面での技術だけでなく、日常生活での人にかかわる基本的な態度が問われることになる。

2　先ず考えるという態度

私自身の体験を紹介しながら、論を進めてみたい。私は高校三年生のときに女子の多いクラスに入り、それ以降は大学生時代のゼミ、就職しての病院、さらに大学の教員になってからもゼミの学生、ソーシャルワーカーや看護職の研修等、ずっと周りは女子がほとんどという世界にいる。このミュージック・ケアも、やはり女子が圧倒的に多い。これは偶然のことではなく、私が何を志向し、大切にしようとしているのかに関わっているのだと、最近になって感じるようになった。その根源にあるのが「感性」であり、気持ちが感《うご》いて行動できるかにある。この感性を大切にするためには、反対の位置にあるとされる「考える」こととの関係をハッキリさせることが必要になる。

一般的に大人の行動とは、まず生身のかかわりでも明らかにしたように考えて、から、動き出すことができることだと指摘される。相手の話を聴くときも、聴きながらどのように答えようかと考えている。話すときでも、自分の言ったことへ相手がどのように反応するかを考えてから話す。このようにシンプルに聴き、話すのではなく、考えるという複雑なフィルターを常に通している。そして、社会人として仕事をするために、また仕事をしていくなかで、こうした態度はさらに強化される。そのため、感じる力は二の次になり、徐々に錆び付いていくことになる。こうしたことが浸透しているのが企業組織で働く多くの男子である。もちろん、女子にも見られることであるが、割合としては男子が圧倒的に目立つ。私自身は、間違いなく老年の男子であるが、先に示したように気持ちが感《うご》いて行動できることを大切にしている。そのため、必然的にかかわりをもつのは女子が多くなるのだろう。

　ミュージック・ケアにおいても男子は、自分がどのように振舞ったらいいかを考えてしまう。身体が動かない、腰が引けてしまうのだが、その傾向は特に中高年や老年の男子に多いようだ。やはり、日ごろ重視している「考える」ことが障害になっているのだろう。考えずに、音楽に合わせて身体を動かし、自分の感じていることを表現すればいいのだが、それが難しい。考えることを先に行うことで、自分を守っている。なぜならば、考えずに、感じたままに行動することは、自分を無防備にすることになるからだ。見せたくない自分を見せたり、見られたくない自分を見られることを恐れているのである。

３　自分を忘れる

対人援助専門職の研修を行っていると、自分のことが大好きで気にしている人が多いことに驚く。そうした人たちは、関心が自分に向いている。自分以外のことに関心が向けば、自分から相手や対象に向かっていけるのだが、それができない。ミュージック・ケアは、その取り組みを行う絶好の機会である。音楽があり、仲間がいて、一緒に動き出すチャンスに満ちている。先のことを考えるのではなく、身体で音楽を聴き、感じ、行動すればいい。うまくできるかを心配するのではなく、身体を動かして楽しめるようになることだ。

参加していくと、自分のことが気にならなくなる。関心は、自分のことではなく、メンバーやグループ、音楽になっていく。このとき、私たちは、自分のことを忘れている。この自分を忘れるという体験が、私たちを自由に行動できるようにしてくれる。私たちは、大切にしたい人やことを発見できると、自分の殻の中から外に出て行くことが可能になる。自分を忘れて、相手とのところへ、大切なところへ行くことができるのである。このように行動できる人は、年齢に関係なく生き生きとしている。

多くの人たちは、一つのことを学ぶとそれを実行するために普段から「意識するようにしたい」と言う。自分にとって難しいことだからこそ意識して行動できるようにしたいのだろうが、意識するときは、すでに考えている。考えることですぐに実行せず、課題を先送りしてしまうことが起こる。反対に、ミュージック・ケアにおいては、今感じていることを、今できるかが問われる。考えるのではなく、今身体を動かすことで実践していく。当然だが、そのとき自分を忘れている。さまざまなものに囚われている自分から自由になるのだが、フロムの表現に従えば、それは「時のなかではなく、今ここで起こる。この今ここは永遠である。すなわち時を超越している」（1977:176）のである。

4　対象とならない「音」の可能性

ここまで紹介してきたミュージック・ケアの特性とは、音楽が有している力、なかでも「音」と関係している。私は、これまで「ことば」をコミュニケーションにおける話す人のトーン、あるいは「ボーカル」（Sullivan, H.＝1986：22）なものとして捉えることが大切だと指摘してきた。そうした視点から問いかければ、音楽は、まさしく音としてリズム、メロディーが一つになって身体に伝わってくる。気づいたときに身体に伝わっているという「直接性」、それが音楽、音の他のものにない魅力である。したがって、音楽に合わせて身体が動くのだが、それは思考した結果起こることではなく、感じたままの動きとなる。

身体の動きから言えば、表情や身振りなどの非言語的コミュニケーションの大切さは、ミュージック・ケアにおいても指摘される。確かに身体を動かすことは、言語的ではなく、非言語的なものになる。ただし、ここで注意しなければならないことがある。たとえば、音楽に合わせて身体を動かそうと考えることで、私たちは音楽と身体を対象にする。セッションの場面で講師の動きや他のメンバーの動きを真似ようとしているとき、やはり音楽と相手を対象とみなしている。このように対象として捉えることで、音の本来の特性である「直接性」が損なわれることになる。あることを理解しようとすると、私たちは対象として取りあげることを当然のこととしているが、実はそのことが理解を難しくしていることがわかる。反対に、対象としないことで伝わる、理解できることを音楽が教えてくれている。

限られた内容ではあるが、ミュージック・ケアを原理的に検証してみると、私たちが身に帯びてあたりまえにしている日常の人に関わる態度、人やできごとの理解の常識を飛び越えさせてくれることがわかる。そのことは日々の態度を無視するのではなく、私たちが、囚われていることから自由になる瞬間《とき》である。偶然という必然を生み出し、今という一瞬を永遠へと向かわせてくれるのが「音」であり、音楽が創り出す魅力的で、限りない可能性を秘めた世界なのである。やはり、スピリチュアルな体験であると言うことができよう。

〔文献〕

Fromm, E.（1976）To Have or to Be? Harper & Row（=1977 佐野哲郎訳『生きるということ』紀伊國屋書店）
日本ミュージック・ケア協会編（2000）『加賀谷哲郎—心の笑みを求めて—』石川磁場の会
Harry Stack Sullivan（1954）The Psychiatric Interview Norton New York（=1986 中井久夫他共訳『精神医学的面接』みすず書房）

第5章　科学することの基礎となる人間関係

―主観を徹底的に問う態度

今日では、科学の進歩により多くの分野で難問が解明されるようになったが、人間関係に関わるテーマや課題は生活や仕事の多様化の中で広がり、むしろ深刻さを見せている。そのため、人間関係にかかわる専門職の種類が増えており、またその役割も細分化されてきている。

他方で、前記のような状況にもかかわらず、相変わらず人間関係にかかわる研究者や専門職の間で〈人間関係そのもの〉の共通理解がなされていない現実がある。そのことは、人間関係が研究や実践の対象や手段としてだけではなく、すべてのことの基盤になることに由来している。したがって、私たちのアプローチは、この基盤を明確にすることから始まるのだが、その取り組みには多くの人たちが自明としている科学的根拠を問いかけることが必要となる。

こうした試みとは、フッサール（Husserl, E. ＝1979：143）が現象学の基本的性格を「基礎づけの徹底主義であり、絶対的な無前提性への還元であり、或る根本方法である」と示しているように、人間関係において通常の研究や実践において自明とされている前提を徹底的に問いかけるという態度を表すためのものである。

1　人間関係　―分野から共通の基盤という発想へ

(1)　分野や領域としての専門性への問い

多くの人が専門と言うとき、ある分野や対象を限定し、それらの内容や問題に関して専門と言われるのが一般的である。社会福祉学の研究者間においても、たとえば「Aさんは○○福祉分野を専門にしている」と話されるのをよく耳にする。反対に、研究者が自分の専門分野外のことを聞かれると「それは私の専門ではないので勘弁して欲しい」という対応になることが多い。

専門という一般的な発想からすれば、「人間関係」も一つの分野として同様に位置づけられることが起こるだろう。社会福祉学ではないが、看護師養成課程においては「人間関係論」という名称で人間関係について学ぶ科目があるのが一般的である。そうした際に、専門的に学びたいと思っている学生にとっては、小児、成人、老年、地域看護などと同様に一つの分野として捉えられることは容易に想像できる。

さて、ここで冒頭に指摘した人間関係の課題の広がりや深刻さに目を向けてみよう。実践の現場では、縦割りによる分野の専門性では対応できない現実が起こっている。たとえば、妻が脳梗塞のため家庭で医療的処置も含めて介護が必要な状態にある事例から考えてみよう。病院側はサポートを家族に期待したいのだが、夫は統合失調症、成人した娘が二人いるのだがどちらも「うつ病の疑い」というなかで在宅ケアを行っている。妻の介護をどうするのかということだけでなく、家族の健康や生活を安定させるにはどうしたらいいのか、といった様々な課題が複合していることがわかる。そのため、医師、看護師といった医療職とソーシャルワーカーを初めとした福祉・介護職等との連携をすることが必要となるが、同時に問題を適確に見るためには専門分野の殻を出て、困っている人やその人たちの課題を全体的に見ることが必要になることがわかろう。

各職種がそれぞれの専門的な視点から全体的に見ていくアプローチをし、さらにチームとしての取り組みができるかで成果が問われる。そうしたなかで、直接的に専門職と患者や家族との人間関係、さらに専門職同士や関係者の人間関係の中で支援がなされている。実践を見ていけば、どの職種もクライエントという人を相手にしているのだから、当然のことだが常に人間関係があることがわかる。したがって、人間関係は高齢、障害、児童といった横並びの分野としてあるのではなく、実践をするための基盤として常にあることは明白である。もちろん、そのことは実践に止まらず、科学における人間関係の位置づけを示していることになる。

(2)　基盤となる人間関係の意味

この事例の検討においては援助者が相手をどのように受けとめているかが、専門職の対応に大きく影響することがわかる。医師や看護師はそれまでのやり取りから、この家族では適切な対応ができないと判断していた。そのため訪問看護で約束した日時に家を訪ねたとき、長女から「今日は帰ってくれ」と言われ、やっぱりダメな家族だと思ってしまう。ところが、ソーシャルワーカーが後で確認すると父親が不穏な状態であったため、他人が家に入ることで状態が悪化することを恐れての長女の発言だったことがわかる。したがって、対応ができない家族ではなく、むしろ適切な行動ができているのだが、それまでの相手の理解と人間関係から適切な判断ができないことが起こる。もちろん、長女がどのように伝えたか、看護師がことばだけではなく相手をどのように受けとめたかがポイントになるのだが、ここに基盤となる人間関係の課題が見えてくる。

起こっている問題に対処するための手段としての人間関係ではなく、人間関係そのものがクライエントと専門職の向き合い方、さらには必要な役割をとったり、創ることができるかを表している。したがって、単なる職種の特性の問題ではなく、個々の援助者の相手にかかわる態度にかかわっているのだが、かかわること自体が相手に影響を及ぼし、相手を動かすことになる。このことに関してメルロ＝ポンティ（Merleau-Ponty, M.＝1993：131）は、「理論はすべて同時に実践であり、逆に行為はすべて了解関係を前提にしています（傍点筆者）。教育者と子どもとの関係は状況にとって副次的なものではなく、それこそ状況の本質をなすものです」と指摘している。

一般的に考えれば、理論を最初に構築して、次に臨床の場で応用するという順番になる。ところが、メルロ＝ポンティの示唆をヒントにすれば、ある人が理論を考えているとき、すでにその人の実践や基盤となる人間関係が反映されていることになる（図5－1）。さらに、実践するという行為は一方通行なものではなく、必ず相互的になるという了解関係があることを教えてくれている。そして、教育者と子どもの関係とは、そのまま援助者とクライエントの関係に置き換えることで、共通して状況の本質と

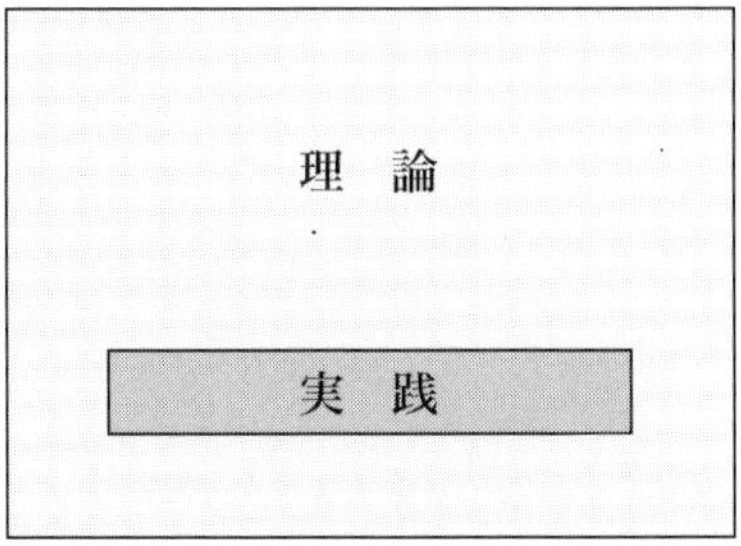

図5-1　理論と実践の相互包摂的関係

なっていることがわかる。したがって、両者の関係を示す人間関係を援助者がどのように考えるかではなく、どのように生きているかが問われることになる。

私たちが人間関係を科学や実践の基盤として提唱することは、先のメルロ＝ポンティからの引用からもわかるように、研究者であれ、臨床家であっても自分自身の人間関係が理論や実践に表れているからである。そのため、自分の人間関係を横に置いて第三者的に人間関係を考えることは不可能である。ところが、自分のことを除外して人間関係を論じることが、客観的な態度をとることだと勘違いしている人が未だに多い。こうした態度に、実はすでに自分の人間関係が表れている。端的に表現すれば他者の対象化はためらいなくするのだが、自分が対象化されることに嫌悪感をもっている。そのために客観的であることを求めているにもかかわらず主観的なままになっており、人間関係に対する見方は曇ってしまっている。

保健医療・福祉分野では、専門性を確かなものにするためにエビデンス（evidence）を明確に示すように指摘されることを聞くことが多い。人間関係についても同様なはずであるが、実際に正面から取り組まれることはほとんどない。その理由としては、研究者や専門家が基礎となる自分自身の人間関係に対する考えを明らかにしないからであり、先に示したようにそれらは主観的なことであり、エビデンスにはならないと思い込んでいるのである。しかし、科学の基盤となる人間関係の基礎づけを抜きにして専門性を語ることは、砂上の楼閣となる。フッサールに従って、科学的発想の前提となっていることを明らかにし、基礎から徹底的に根拠となることを問いかけることが必要になる。

2　主観や感性に支えられる客観性

(1)　主観に対する態度

人間関係は社会生活をする上で誰にとっても、いつでも、どこにでもある。空気のようにあたりまえにあるがゆえに、そのこと自体を正面から科学的、あるいは専門的に論じられることは少ない。反対に、専門家ではないたくさんの素人にとって一言あるのが人間関係である。なぜなら、誰もが家族や友人、会社の人間関係で悩んだり、喜んだりしながら生きているからだ。

ある個人が人間関係に悩んで感じていることは、主観的ではあるが当事者にとっては切実なことである。単に相手へことばをかけるだけでは適切な対応とならないし、却って問題をこじらせてしまう経験をした人もいるだろう。取り組まねばならないのは、なぜ彼女（彼）がそのように感じ、受けとめるかということを理解することであり、そのことは同時に彼女をわかろうとすることにもなる。このように人間関係にかかわる課題とは、出発点から個人の主観的なことであり、その課題に取り組んでいく過程においてもクライアントと援助者の主観を抜きにして行えないことがわかる。したがって、主観とは課題に取り組むために邪魔なものではなく道標になるのだが、そのことが正しく理解されていない現実がある。それは、私たちが主観ということに対してどのような態度をとっているのか、さらにはエビデンスの基にある客観ということに対してどのような考えをもっているかにかかわっている。

(2)　根底にある人間関係の考えへの問い

具体的な人間関係の例から検討してみたい。看護管理者のグループ研修で「かかわりが難しい部下」との関係がテーマになることが多いのだが、ある参加者（Ｃさん）は研修前レポートで次のよう考えていた。

私は、これまで相手を問題のある部下と決めつけ、理解しようとしていなかったことに気づいた。そのため、管理者として問題のある部下にどのように対処するかということに焦点を当て、〝相手をどうするか〟という発想で行動していた。しかし、現実には相手は簡単に変わってくれなく、悩んでいた。同時に、仕事をスムーズに進めるために部下とよい人間関係を維持しておきたいと思っていることにレポートを書くことで気づいた。（佐藤 =2015:90）

研修を行っていくと、このレポートにあるような難しい部下への対応で悩んでいる人が相当数出てくる。そのため、こうした問いかけから管理者の役割を担うには、自分を見つめ直し、〝自分が変わる〟

ことが必要だと研修を通して結論づけている受講者が多くいるのに驚いた。しかし、相手を変えられないと同様に、私たちは自分を変えることもできない。また、もし変わってしまったら、管理者の役割を担うことで別人になってしまう。現実はその反対で、役割を担うことで、その人らしさが表れてくる。

レポートでCさんが難しい相手と感じているのは、彼女が主観的に思っていることである。別の管理者であれば、部下のことを少し自己主張は強いと思っても難しい人とまでは感じないかもしれない。続いて、相手を理解しようとしないで、課題に気づいて変わってもらうにはどうしたらいいのかと行動していたことがわかる。この相手に変わってもらうという発想も、Cさんの主観に基づいている。こうした一連の自分の主観にレポートを書くことで気づくことができた。しかし、研修を通して共通の悩みをもつ参加者と話し合うことで相手に求めるのが無理だとわかり、それならば自分が変わらなければと考えている。せっかく自分の主観に気づいたのだが、自身の主観を問うことを徹底できていないために、自分が変わるという現実的ではない発想に陥っているのである。

ではどうしたらいいのだろうか。自分か、相手かどちらかの問題という捉え方ではなく、Cさんにとって必要なのはレポートを書く中で感じた〝よい人間関係〟に対する問いを徹底させることである。仕事を円滑に進めるということ、その目的を達成するために機能としての人間関係を考えていることが彼女の根底にあるのがわかろう。もちろん、Cさんだけではなくて多くの管理者が自分を守るために、よい人間関係を維持しようとしている。このイデオロギーのように強固にあるよい人間関係と対峙することで、個々が自分の主観を明らかにすることができるだが、簡単には行かない。なぜなら、自分だけを大切にして行っていることなのか、それとも相手を、そして同時に自分を大切にしようとしているか、自分自身の人にかかわる態度をハッキリさせることになるからだ。

(3) 主観を大切にすることが客観化への道

根底にある人間関係への考え（主観）を明らかにすることは、頭で考えるのではなく個々の日常の人間関係に対するスタンスを明らかにし、自分自身が問われることになる。当然だが、小手先で対応するのではなく自分を賭けて決断するからこそ適切で、客観的な対応になっていく。客観的に現象を捉えようとするならば、主観は排除されるものではなく、逆に大切にすることが必要だとわかる。なぜなら、個々の主観とはその人らしさであり、それを捨てたら自分ではなくなってしまうからだ。他方で、自分の主観を大切にすること、自分を大切にすることは簡単ではない。実践のレベルでは「できていない自分を明らかにし、受け入れる」ことから行わねばならない。こうした動きができれば、Ｃさんは管理者として適切で客観的な対応をすることができる。

このように検討してみると、客観的な答えがどこかに存在しているのではないことがわかる。反対に日々の具体的な人間関係のなかで私たちはさまざまな発見ができる。しかし、発見したことが個々にとって既成事実なることで、また主観になっていく。したがって、私たちができることは客観的になっていくことであり、この歩みにゴールはない。また、どこまでも未完成なのだが、それゆえ可能性に開かれている。

(4)　感性に支えられた理性

クライエントの問題が複雑化・深刻化するなかで、臨床現場では援助者に実践力が求められている。援助者は難しい場面で判断して決定をするのだが、これまでの議論からすれば主観に基づいてより客観的な判断をすることができる。たとえば「今、クライエントを直接的に支えた方が、あるいは支えない方がいいのか」と決定するのはデータや情報からだけでなく、最終的に援助者がどのように感じるかで決まる。したがって、私たちは感性に支えられて決定するのだが、そのことは一般的に考えられる理性的な行動と矛盾しない。両者が相反するかのように考えられるのは、通常は感性が個人的なものであり、主観的なものと判断されているからである。しかし、先に確認したように主観は排除されるものではなく、大切にされるものだとわかった。感性についても同様のことが指摘できるし、また気持ちが動くと実際に行動できる。したがって、確認しなければならないのは〈理性〉に対する考え方である。

理性的な判断がなされているかを確認しようとすると、合理的な考え方であるか、さらには感情に左右されずに冷静な判断がなされているかなどに関心が集まる。そこで、合理的な考えを支えるものに注目してみたい。精神分析による〈合理化〉への指摘に見られるように、広く社会で認められ、多くの人から賛同が得られることが合理性の根拠とされていることがある。そのことに関して、フロム(1971:72–73)は「われわれが羊である限り孤立を恐れて群れに従う。しかし、われわれは人間であり、自覚をすることができ群れから独立した理性をもつものである」と指摘する。つまり、考えるということで合理的な判断をしているように見えるのだが、実は社会や集団の常識に従っていることが多いのである。

反対に、理性的な判断とは、個々の感性に基づいて確信されたことの表れである。フロムによれば「この場合、思想はその人の全人格に発するものであり、そして感情母体（emotional matrix）をもっている」（1971:75）ことになる。したがって、観念や単なる意見とは異なり、常識や標準に対して自由なのであり、単なる意見ではなく私が表されていることになる。そのとき個人的なことから出発しているのだが、それは個人を超えたものとしてエビデンスを意味することになる。

3　関係的存在としての人間理解

前章までにおいて、人にかかわる科学や実践において人間関係が基盤なることの意味を確認した。続いて客観的に人間関係を理解しようとするならば、主観を排除するのではなく大切にすること、主観に対するスタンスが科学としての根拠になることを示した。では、私たちの現象学的アプローチにおいては、人間をどのように理解しているのだろうか。また、その理解はどのように考えるかに止まらず具体的な研究や実践の方法へ波及することになる。なぜなら、すでに確認したように理論を検討するときに実践がすでにそこにあり、理解が実践における相手との了解的な態度として表れるからである。

(1) 根強い個が先にあるという発想

援助者ならば誰もが経験しているのが、相手との〝距離〟についてだ。たとえば、相手のことをわかろうとして近づくのだが、近づきすぎることで苦しくなり、今度は意図的に距離をとろうとする。学生は仲良くなった友達とよい関係を続けたいために、いつでも相手と近い距離でいようとするのだが、常に同じ距離でいることが難しく感じるようになる。その結果、無理してつきあうのか、グループを離れるかということで悩むことになる。

上記の例において、〈個と関係〉がテーマとなっているのだが、援助者、学生に共通していることがある。私が先ずいて、別個に存在するクライエントや友達との関係を作ろうとしている。つまり、私や相手が始めにあり、その両者が関係を二次的に作るという考えである。また、関係の中で私が困り、そのために関係をどうしたらいいのかと考えている。相手のことは忘れられ、自分が困らないようにするための行動になっているのは明白だ。

私たちが人間関係を根源から問いかけていくと、避けて通れないのが〈個と関係〉をどのように位置づけるかというテーマである。多くの人は日常的に関心をもっていないことだろうが、理論や実践において無意識の前提とされていることであり、同時に研究や援助のめざす方向にも大きな影響を与える。ここで注目して欲しいのは、先の例でも私が先にあり、次いで他者との関係を作るという発想をしている。また、「大人になるとは、自分が確立されていることであり、相手に働きかける際にはまずよく考えてから行うべきだ」と言われる。その背景には先ず自分があることが大切であり、次に他者とかかわり関係作りをするという考えがあることがわかろう。

(2) はじめに関係がある

では、なぜ前記のような発想をあたりまえにするのだろうか。先の大人の例とは反対の極にあるのが幼児の人間関係である。発達心理学で指摘されているように、幼児は他者との未分化な関係を生きている。さらに、母親を初めとして重要な大人との関係で成長する、あるいはことばを獲得する。こうした事実は、幼児が自己として確立する以前に、関係を生きていること、つまり関係が先にあって私が生まれることを示している。ところが、多くの場合に、大人になること、特に考えることを重視することで、関係よりも先に自分のことを考えのである。

学生と接していると人間関係をとても気にしている学生が目立つ。自分が友達からどのように思われているのか、自分の居場所がなくならないように相手との関係を気にしている。そうした傾向は学生に限らない。研修で出会うソーシャルワーカー、看護職の人たちも同様である。相手の話を聴いたときに、どのように受けとめたかを返すのではなく、自分のなかにある経験や意見を話すのである。そして、たくさん話すことができ、長く会話が続くことでよい関係ができると思っている。そのため、グループ研修の場面で相手の話に対してちがいや疑問を感じても表さないことで、相手をまた自分を大切にするチャンスをなくしている。このように彼女たちは人間関係に対して共通して敏感なのだが、そのために失っていることにはとても鈍感である。

上記のような例は、相手との関係を考えてから行動することを示しているのだが、考える前に相手との関係を生きているということが忘れられている。対象として取り上げる以前に、すでにあると言うことができよう。このすでに生きている関係、なかでも人間関係を表す体験概念が〈関係性（relatedness）〉である。早坂泰次郎はそのことを「人はもともと一人では生きていない（生きられないのではない）」（早坂＝1994：はしがき）と表現したのだが、先の例のように生きているがゆえに気づくことが難しい。他者と真剣に向き合って生きるとき、私たちは関係性を発見するのだが、多くの場合に他者に教えてもらって発見することになる。

我と汝、我とそれの二つの根源語から人間を存在論的に明らかにしようとするブーバー（Buber, M.＝1967：27）は、「はじめには関係がある」と言い、我が対象として生まれる前に関係を生きていることを教えてくれている。この〈関係の先験性〉というブーバーの人間理解も関係性と同様のことを指摘している。では、こうした関係的存在としての人間理解に基づくことで、私たちは個々の生きる課題をどのように描くことができるのであろうか。

(3)　生きるとは人間になるという歩み

関係性として存在論的に人間を理解することは、従来の個体モデルとしての静的な人間像（たとえば自己実現的人間）ではなく、動きのなかにある生き生きとした人間理解への展望を拓いてくれる。ここでは幾つかの基本的なテーマとなることを紹介し、理論や実践を高めるための可能性を示してみたい。

また、本書のこれ以降の章において、研究、教育、実践の基礎となる課題を明らかにする作業を通して、生きた人間の理解に役立つ視点や考えを展開していく。自分が主体となって問いを発することを強調されるのが一般的だが、フランクル（Frankl, V.）は、私たちが人生の意味を問うのではなく、「人生から問われたことに私たちが応える」ことを強調し、さらに「人生は私たちに毎日毎時間問いを提出し、私たちは詮索や口先ではなく、正しい行為によって応答しなければならない」（1971：182–183）と迫る。これは彼がアウシュビッツを始めとした四つの強制収容所の体験を通して確信したことであり、まさに生き様から明確にしたことなのだが、その後の医師としての臨床や研究の基礎となっている。このフランクルの指摘は、極限状況におけるものだと考える人もいるだろうが、実は平凡な日常のなかにも登場している。要は、私たちがそのことに気づけるかどうかなのである。たとえば、「友達の話を聴いて明らかに自分はちがう、なぜそんな風に考えるかがわからない」と感じているのに言わないときがある。そのまま伝えたら相手から返ってくる反応が怖いからだ。実は、この瞬間に私たちは問われているのだが、問われないように逃げている。したがって、特別な体験をしなくても、生きる意味を発見する機会は常に身近にある。

こうした日常に埋没する態度とは、フランクルを援用すれば「苦悩する」ことと向き合わずに済ませていることになる。問われたことに応えるには、「私たちは苦悩する力を獲得することが必要であり、さらに相手を苦悩させること」（フランクル＝2004：109–162）（佐藤＝2011：53–57）で他者を大切にできることになる。そして、どんな厳しい状況や運命にさらされても「苦悩することで人間は自己決断でき、成長することができる」（2004：122）と明言するのである。このように人間を固定されたかたちで〈ある〉ものとしてではなく、常に〈なる〉ものとして理解することができる。

何ものかに向かって志向することは、こちらから働きかけるのではなく、むしろ与えられていること、受けとめることが意味をもっている。相手とのちがいを受けとめる、さらに自分の不完全さや弱さを受けとめることが、個々の生きる力になる。そうしたことは、一人でできることではなく、受けとめてくれる相手がいることで可能になる。私たちは一人では生きていない、関係性を生きていることを忘れてはならない。

〔文献等〕

Martin Buber (1923/1932) Die Sghriften Über Dialogische Prinzip I （=1967 田口義弘訳『対話的原理Ⅰ』みすず書房）

Frankl, V. (1947) Ein Psychologe erlebt das Konzentrationslager, Verlag für Jugend und Volk. （=1971 霜山徳爾訳『夜と霧』みすず書房）

―― (1984) Homo Patiens: Versuch einer Pathodizee, Verlag Hans Huber Bern （=2004 山田邦男・松田美佳訳『苦悩する人間』春秋社）

Fromm, E. (1950) Psychoanalysis and Religion (=1971 谷口隆之助・早坂泰次郎訳『精神分析と宗教』東京創元社）

Husserl, E. (1950) Ideen zu einer reinnen Phänomenologie und phänomenologischen Philosophie, Martinus Nijhoff, Haag （=1979 渡辺二郎訳『イデーンⅠ 純粋現象学と現象学的哲学のための諸構想』みすず書房）

早坂泰次郎（1994）『〈関係性〉の人間学―良心的エゴイズムの心理』川島書店

Maurice Merleau-Ponty (1988) Merleau-Ponty à la Sorbonne, résumé de cours 1949-1952 édition Cynara (=1993　木田元・鯨岡峻訳『意識と言語の獲得　ソルボンヌ講義Ⅰ』みすず書房)

佐藤俊一（2011）『ケアを生み出す力―傾聴から対話的関係へ』川島書店

――（2015）『ケアの原点Ⅱ―問われることに応える私たち』学文社

第6章　見るから見えるへ　―対象とならないものを見る

前章において、人間を関係的存在として理解することの意義を示した。その理解を常に基本において、科学をする、実践をすることが私たちの現象学の真骨頂である。ここでは、研究や実践の対象である他者をわかるということを〈対象化〉というテーマとして論じていく。その基本となる足場を〈見える〉ことに置き、私たちが相手を見ているのだが、本当に見えているのか。見えるようになるにはどうしたらいいのかを基礎づけることを行う。

1　問いが見えるようになる

この数年感じるようになったことは、学べば学ぶほど普段あたりまえにしていることや考えていることに疑問をもち、問いが生まれることだ。そして、気づいてみると実はそれは学生時代に学び始めたときからあったものであり、それが見えるようになったという理解が適切なのだろう。

たとえば、私は宮本啓子さん（ＮＰＯ法人日本ミュージック・ケア協会会長）を中心に行われているミュージック・ケア（集団音楽療法）の実践の意義をことばにするお手伝いをしてきた。ミュージック・ケアの基本は、音楽が参加者や指導者を動かし、みんなが生き生きとなることにある。ただしここで注意して欲しいことは、最初に私たちがいて、そこに別の場所から音楽が聞こえてくるのではないということだ。音楽によって私たちは生まれ、動き出すのである。ところが、一般的には音楽に合わせて身体を動かすという表現がされる。そのことは参加者のすでにある、動かしにくい、あるいは動かしていない身体を、指導者が用意した音楽によって動かすという考えを表している。

上記のことには、主体としての人間の理解と、同時にその考えの対となる対象の理解の仕方がかかわっている。ミュージック・ケアにおいて、私たちは対象とならない音を身体で受けとめる、聴いている。また、自分の身体は、それまでも連続して習慣的にあったのだが、その都度、音楽によって身体が、そして私が生まれてもいることになる。ところが、一般的な理解においては、主体としての人間が先に存在しており、その主体が音楽を対象として受けとめるという常識的な発想が潜りこんでいることがわかろう。そこには、私たちの科学的、専門的思考の根底にある〈対象化〉という課題がある。

私は自分の教育、研究として対人援助、なかでも実践力を高めるというテーマに取り組んでいる。現場の人たちと行っているグループ臨床、グループでのスーパービジョン、事例検討などの研修、学生と行うグループでの専門演習、実習指導において、そのためのさまざまな課題の発見をしている。ここで取り上げる〈対象化〉に関することは、これまでの取り組みにおいて常に根底にあったのだろうが、それをそのこと自体としてとりあげていなかったことに気づいた。まともに考えればとても難しいテーマであり、自分が苦しむことになることが目に見えている。しかし、どうもこのテーマに取り組まないと、自分が何もできなくなってしまうと感じるようになった。そんな気持ちの私を後押ししてくれたのが、長年できなかったメルロ＝ポンティの『見えるものと見えないもの』（みすず書房）を読むことであった。

2　見るから〈見える〉へ

経験を積んだベテランから対人援助の難しさを聴くことが度々ある。その難しさとは、一つにはクライエントの個別性にある。いくら実践を積んでも、私たちは初対面の相手や人生と出会うのである。したがって、あらゆる人に対する対応策を予め用意しておくことは不可能である。さらに、どんな優秀な援助者と評価されている人でも、クライエントが受けて入れてくれないと援助はできない。また、援助に対してクライエントは満足しているように見えても、実はお腹の中では憤りを感じていることもある。

先に示したような困難さは、すべて相手がいることで起こっている。相手がいなければ対人援助は成り立たないのだが、同時に相手がいることによって難問が生じることになる。この相手とのかかわりの基本として援助者に求められるのが、私たちの見る、聴く態度であり、具体的な援助の実践の前にそうした態度をクライアントから評価されている。そのため、先にあげた相手がいることでの難しさに正面から取り組んでいくためには、対人援助の基礎となる、「見る」「聴く」を技法として考えるのではなく、〝関係性に基づいた人間存在のあり方〟として問いかけることが必要となる。

一般的な「見る」、「聴く」においては、対象として捉えることを前提として行われる。専門的に観察としての「観る」は、さらに分析的な細分化した捉え方をすることになる。ところが、ミュージック・ケアの実践において、音は対象とならないで直接的に身体へ響いている。だからこそ、身体が、また自分が素直に動いて、表現することができる。ここに対象とならない音の魅力や可能性がある。

他方で、私はこれまで日本語としては見る、聞くではなく、「見える」「聞こえる（現在では聴けると表現されることが多い）」が古くからあったことばであり、その意味することが広いことを指摘してきた。欧米語と比較して、自然と「目に入る、聞こえてくる」という受け身態としてから始まり、一般的な「見る、聞く」、さらに可能態として「見ることができる、聞くことができる」などの幅広い使われ方がされている。ここでは特に最初の受け身としての活用に注目して欲しい。通常、私たちは「〇〇を」見る、聞くというように、対象となるものが前提としてあり、それらを見る、聞くということを行っていると表現している。ところが、自然と「目に入る、聞こえてくる」というとき、対象として捉えられるものはないのだが、気づいたときに私たちに「届いている」のである。

日本の文化として培われてきた「見える、聴ける」という私たちがあたりまえにしてきた知覚のあり方は、欧米の人たちにとっては簡単に到達できないようだ。また、輸入された対人援助の原則やさまざまな理論においても、援助者が能動的に聴く、観察するためにはどのようにすればいいかが示されている。それに対して受動的な態度である「見える」においては、与えられることによって対象とならなくても私たちに届くことを表している。さらに明確にすれば、私たちが対象に近づくことによって見るのではなく、見るためにはすでに対象とならない形で始原的に与えられているという関係があることがわかる。そのことを西欧人であり、哲学者であるメルロ＝ポンティ（1989：190）は「身体が物に触れ、それを見るというのは見えるものを対象としてもっていることではない。見えるものは身体のまわりにあり、その構内にさえ入りこみ、身体のうちにあって、その眼差しや手を外や内から織り上げている」と苦労しながら論じている。もちろん、能動性と受動性の両者が必要になるのだが、すでに与えられているという受動性が先にないと対象を理解できない。

一般的に研究者や臨床家が主体となって見る、あるいは専門的に観るという態度で、対象のことが語られてきた。同様なこととして聞こえるのではなく、こちら側が主体的に聴く、あるいは積極的に傾聴するということが強調されてきた。そうした態度に対象化の考えが表れているのだが、共通しているのは研究者や臨床家が、自分とは別に存在する、あるいは意図的に切り離した対象へ積極的に働きかけるという構図である。果たして、そうした対象化によって相手のことを十分に理解できるのだろうか。

輸入された欧米の対人援助の理論や原則では、前記のように援助者の能動的なかかわりとして、見る、聴くが位置づけられていることがわかる。それに対して、私たちは日常の中で、「ある景色を見て若い時に見えなかったものが、年をとることで見えるようになってきた」といったことを体験している。このように受け身のかたちで体験をし、それをことばとして表わしている。私たちは主体として能動的に対象へ働きかけるより、むしろ景色の方が働きかけきて、「目に届く」のである。また、対象が人間である場合には、見えるとは一人で行うことではなく「（見える）対象あるいは相手と、（それが見えている）自分との間に生じている現象、あるいは関係なのである」（早坂＝1986:87）と早坂泰次郎は指摘する。したがって、関係からの発想においては、見るのではなく〈見える〉、聴くのではなく〈聴こえる〉が相手をわかるために必要なのであり、対象とならないかたちで与えられるものを受けとめている。より明確に表せば、私たちが対象に接近することで見るのではなく、見るためにはすでに対象とならないかたちで始原的に与えられているという関係があることがわかる。

3　開かれているのに見えない

こうした直接的に私たちに与えられる、あるいは届くものの積極的な意義を考えてみたい。たとえば、「それまで見えなかったものが見えるようになった」というとき、見えなかったのだから明らかに対象とはなっていない。そして、対象とならないものを私たちは見るのである。画家のパウル・クレー（Paul Klee）が、「本当の真理は、眼には見えないものを基礎としている。」（Klee, F.＝1978:188）と言い、その後に有名な「芸術の本質は、（眼に）見えるものをそのまま再現するのではなく、見えるようにすることにある（括弧内筆者）」（Klee, P.＝2016:162）と教えてくれているが、私たちの生活の態度、対人援助においても同様である。成長する援助者とは、それまで見えなかった相手の気持ちの動きが見えたり、聴けるようになる。当然のことだが、見えるようになったものは、それまで対象ではなかった。対象とならないものが見える、聴けるのであり、そのことに自分を鍛えることによる専門性が表れることになる。したがって、私たちは対象として把握できるものに関心をもち、焦点を当てたがるのだが、実は対象とならないもの、見えないものが大切なことがわかる。

武満徹（1971：139）が指摘するように、優れた演奏家が使うことで楽器は、正確で安定した音を表現できる。ところが、人間の声は、風邪をひいて出なくなるかもしれないし、その日の調子によっても影響される不確定なものである。面白いことに、私たちの声は不完全であることによって個性的であり、より自分自身を表わすことができる。身体から表現されたものが、身体に届くというのは、その個性的なものを、今度は個々の受け手が個として受けとめることにある。やはり、対象とはならないのだが、そのとき相手の個別性を受けとめる、あるいは理解できるということができよう。同様に、面接の場面において、相手の声をいかに聴くかが、個別性の理解となる。

援助者は実践においてクライエントや家族、そして取り巻く環境を見て判断する。そこでは自分が見えているものを基にしてアセスメント、援助計画の立案や実行、モニタリング、評価などをしていく。したがって、そのプロセスのなかで対象化することを行っているのだが、援助者が相手のことをどのように見、聴いているかが、その取り組みを大きく左右する。

医療ソーシャルワーカーの人たちとのグループスーパービジョン（一〇名の参加者）で体験したことを例に考えてみよう。Aさんは一般病院に勤務するソーシャルワーカー（以下、SWとする）であるが、まだ就職して三年目であり、職場の三人の先輩たちと比べて経験が少ないことを気にしながら事例発表を行った。他方で、グループでは自分から積極的に発言できるメンバーであった。発表した事例では、病院として必要な治療が終了し、患者さんも自宅へ退院することを希望しているのだが、唯一近くに住んでいる長男から介護の協力が得られずに困難に直面していた。当然のことだが、担当医や病棟からは早期の退院を迫られていた。その事例を聞いて、他のメンバーは一緒に検討していく中で、「どうしたらいいのか」という視点から「担当医や病棟の看護師に状況を話して理解してもらったら」「先輩ＳＷに相談したらどうか」など様々なアドバイスがされた。同時にＡさんはこれまで誰にも相談せずに、一人で困難な事例を抱えていたことが明らかになった。

私は、グループでのＡさんとメンバーのやりとりを聴いている中で、メンバーからの助言に真剣に頷きながらも、そうした助言がスーッと彼女の中にはいっていないと感じていた。また、他のメンバーはアドバイスすることに熱中しており、Ａさんを見ているのだが、そうした彼女の態度には気づいていないようだった。グループスーパービジョンの〈今・ここ〉に、Ａさんが仕事でとっている態度が表れているのだが、投げかけられている問題やことがらに対応しようとすることでメンバーには見えない。彼女の抱えている困難さを見ることを通して、見えることからＡさんの世界を理解することが可能なのだが、そのためには彼女の態度に、引っかかりや疑問を感じるかにかかっている。その引っかかりとは、Ａさんが一人ぼっちで、孤立していると感じられることから生まれる。私は、問題を解決しようとすることではなく、Ａさんが何とかしたいと真剣になって話をする中に、彼女の「寂しさ」を感じて見ていた。そして、私が「Ａさんは一人ぼっちのように感じる」と伝えたとき、グループは一瞬止まってしまったのだが、何人かのメンバーは沈黙のなかで頷いてくれた。同時に、Ａさんは自分の姿に気づいて課題と向き合うことで、やってみようと一歩を踏み出す瞬間となった。

私たちにとって見えないものは、閉ざされた状態にあって見えないのではなく、実際には開かれているのに見えない。難しいのは、開かれているのに見えないことなのだが、見えないものが見えるものにへばりつき、それを支えているからなのである。メルロ＝ポンティがこのことについて「この世界の見えないもの、つまりこの世界に住みつき、それを支え、それを見えるものにする見えないもの、この世界の内的で固有な可能性であり、この存在者の〈存在〉なのである（メルロ＝ポンティ＝1989：209）」と教えてくれている。こうしてある人の世界を理解することとは、見えるものを支えてくれているものがあることを知り、支えているものであるからこそ見えにくい、見えないのものを知ることであるということができよう。Aさんにとって退院援助が進まず、また誰にも相談できないことが見えることであった。そこには見えないものとして、彼女が孤立しており、寂しさがあるのだが、先のメルロ＝ポンティが指摘するように見えることと矛盾することなく同居しており、そのために見えないということがわかろう。

4　見えるようになる

見えるということに取り組みだしたとき、「緩和ケアの実践からケアを問いかける」という課題に取り組んでいる大学院生の論文の指導を行っていた。彼女は緩和ケア病棟に長年勤務している社会人学生の看護師である。論文の中に示されている病棟での時間や環境の記述はとても新鮮だった。たとえば、緩和ケア病棟では検査、検温、清拭といった一日のスケジュールがない。ある患者さんの部屋からは朝挽きたてのコーヒーの匂いがすると、いつもと変わらない朝を迎えたことがわかる、といったことだ。こうしたことは、一般病棟とは機能が異なるのだから当然のことだとして終わらせるのか、それとも、ここで見えているものを通して見えないものを見ようとするのかによって援助者のケアに対するスタンスが大きく異なることがわかる。

彼女が勤務している緩和ケア病棟には、その病棟の独自な世界があるのが記述されたことからわかる。その世界が作り出しているのが、一つは時間である。一般病棟においては一日のスケジュールが決まっていて、それにしたがって看護師は行動している。そして、決められた時間内に仕事を終わらせることが求められ、それが当然のことだと考えられている。他方で、緩和ケア病棟には明確な日課の時間割がない。それは、ターミナルの限られた時間を個々の個別的な生き方を尊重してケアを行う上で必要なことだ。あたりまえのことだが、私たちの生活は元々決められた時間通りに動くのではなく、自分が時間を創りだす、あるいは時間とともに生きることで自分らしく生きられることになる。そうした時間が、緩和ケア病棟では大切にされているのである。このことが見えるようになると嬉しい発見である。

さらに緩和ケア病棟の裏側にあり、多くの人にとって見えない一般病棟での患者の時間の過ごし方が見えるようになると実践的な問いが生まれる。一般病棟では治療という目的の中で、多くの人たちは自分の時間を管理されることに我慢している。そうしたことが、見えるようになると学ぶことが面白くなる。私たちは、場のちがい、対象のちがいなどを理由に、異なる専門の必要性を学び、またそうした専門性を持つことで自分たちが専門職として安定したポジションにいられると考えがちである。ここでの発見は、反対にどんな機能の場であれ、相手が誰であれ、ケアに共通していることがあることを教えてくれている。ある分野でケアを実践することが、その分野に止まらず、どの分野においても役立つケアにならないと意味がない。見えるの発見は、私たちにそうした課題をラディカル（根源的）に突きつけている。

　環境に関しても同様なことが言える。好きなコーヒーを朝起きて楽しめること、全室個室のために一人でいるのは寂しいとドアを開け、さらにカーテンも開けている患者さんがいる。こうしたことは、緩和ケアという病棟だから環境としてできることと考えるのか、それとも患者さんの世界があることから気づくことができるかで大きく異なる。すべての患者さんには個々の世界があり、その世界とともに生きている。自分の好きなことができるという見えることを通して、相手の世界に触れていることに気づけることだ。そうすることで、見えないもの、たとえばこれまでの人生で嬉しかったこと、辛かったこと、家族との関係や想いなどが見えるようになるきっかけが生まれる。それが、見えないものが開かれているということの現実的な表れなのである。

5　対象とならないものを見る

冒頭に少し触れたが、ここでとりあげたことは、私が大学生として学問を始めるようになったときからずっと続いているテーマである。もちろん、そのきっかけとなり、対象とならないものを理解する、見ることを学問として取り組んでいいと後押ししてくれたのは、故早坂泰次郎先生である。あるとき私と異なるスタンスで学んでいる人から、「君は二十代のときから結局同じことしかしていないな」と言われたことがある。言われたときは、少しムッとなったが、後になって嬉しくなった。大切にしたいことは変わらないし、学ぶことで常に大切なことを明らかにする必要があるのだが、そのことが私にとって学問していることである。

縁があって大学院を修了した後に、医療の世界にかかわり、また現在も研修等でかかわり続けている。私の対象者とするのは、医療や社会福祉にかかわる専門職であり、彼女たちが対象者としているのは患者さんやクライエントである。直接的に相手にかかわる対人援助職は、その実践のなかで見えるものから始まり、見えないものを見ようとしている。おそらく、まじめな人ほど意識的、無意識的に行っているのであろう。それは、本章の中でも紹介してきたように対象とならないものを見ようとしていることになる。引っかかったり、なぜという問いを発したりしながら患者さんのことをわかろうとしている。それができれば、患者さんを大切にするケアができるようになると言うことができよう。私といえば、事例でも紹介したように彼女たちが見えることを通して、見えないものを見えるようになることのお手伝いをして、患者さんのケアに役立とうとしているのである

最後に、対象化について確認しておきたい。見えないことが見えるようになるとは、結局は対象化を

したことにならないのかという疑問が出てくるだろう。それに対して私は、「対象化することだ」と素直に応答したい。ただし、ここで言う対象化とは、すでに確認してきたように見る主体と対象が別々にあって、対象を細分化し、分析することではない。観察者としての主体が働きかけるだけではなく、すでに対象から与えられている、働きかけられているという〈関係の第一次性〉からの対象化である。そのことが意味するのは、対象を実践や研究のための関心としてだけ見るのではなく、対象を大切にすること、対人援助においては愛することである。併せて、この対象化とは、ある対象との関係で一度行えば終了というものではなく、一回・一回のかかわりにおいて対象化することに意味がある。したがって、以前に対象化したということを忘れて再び出会うことで、見えることになるのだと言えよう。この対象化の歩みは未完であり、未完であるから常に可能性へ開かれているのである。

〔文献等〕

Martin Buber（1923/1932）Die Sghriften Über Dialogische Prinzip Ⅰ（=1967 田口義弘訳『対話的原理Ⅰ』みすず書房）
早坂泰次郎（1986）『「関係」からの発想』ＩＰＲ研究会　絢文社
石村和美（2013）『死にゆく人々とともに生きるケア―緩和ケアの実践からケアの原点を問う』淑徳大学大学院総合福祉研究科　特定課題研究レポート
Felix Klee（1960）Paul Klee. Diogenes Verlag Zürich（=1978 矢内原伊作・土肥美夫訳『パウル・クレー：遺稿・未発表書簡・写真の資料による画家の生涯と作品』みすず書房）

Paul Klee (1956) :Das Bildncrische Denken. Bemno Schwabe & Co. Verlag. Basel (=2016 土方定一他訳『造形思考 上』筑摩書房)
Maurice Merleau-Ponty (1964) Le Visible et L'invisible suvi de notes de travail Éditions Gallimard (=1989 滝浦静雄・木田元訳『見えるものとみえないもの　付・研究ノート』みすず書房)
宮本啓子 (2012)『ミュージック・ケア―その基本と実際』川島書店
佐藤俊一 (2011)『ケアを生み出す力―傾聴から対話的関係へ』川島書店
武満徹 (1971)『音、沈黙と測りあえるほどに』新潮社

第7章　見えるものの中にある見えないもの

―見えるようになるという新鮮な体験

実践や研究において見えるようになるとは、私たちの世界との関係を新たなものにしてくれる経験である。生きるとは、ただ毎日の繰り返しではなく、新たな発見の日々になるはずなのだが、そうならない現実がある。いくら自ら能動的に行ってみようとしてもできないのは、これまで確認してきたように「私たちは、元々一人では生きていない」からであり、個からではなく関係からの発想でないと始まらない。したがって、相手がいることを再確認する必要がある。

もう一つ押さえておかなければならないのは、私たちにはすでに世界が与えられているということである。何かを働きかける以前に与えられているから、逆に働きかけることができる。そのことを相手との関係において、「見える」「聞こえる」といった日本語の独特なニュアンスで示してきた。こうした人に関わる態度とは、先に示した関係性の表れでもある。

では、こうした私たちの基本的なあり様を可能としているものは何なのだろうか。それは単なる知性ではなく、感性を備えた私たちの身体である。見えるとは、身体がその都度に世界のあり様を組み立て直し、私たちに与えることによって可能となっている。したがって、意志の力だけで何とかなるものではなく、個々の力を超えたところのものに身を任せて、動いてみることである。そうすることで、テーマである「見えないものが見えるようになる」ことができるようになる。

1　すること（専門性）とかかわること（基礎）

(1)　相手がいるということ

対人援助の研究や実践とは、前章でも示したように対象となるクライエントが存在することで成立する。また、クライエントは生きていくうえでの悩み、生活の困難さを抱えているのだが、援助はそうしたことを理解できないと始まらない。突き詰めていくと、相手のことをわからないと実践はできないと言うことができよう。

事例検討やスーパービジョンによく提出される困難事例には、通常のやり方では簡単に対応できない、あるいは理解できないクライエントが共通して登場してくる。援助者は、「威圧的態度が怖い」「毎回言うことが異なり、相手のことがわからない」「約束したことをしてくれない」といったことを感じている。相手がいないと援助はできないのだが、今度は相手がいることで難しい、できないと言うのである。いつもの方法が通用すれば悩むことはないのだが、真面目に実践していく援助者ほど対象者に悩まされる、あるいは問われることに直面することになる。そこでは相手の問題だけではなく、通常あたりまえにしているソーシャルワーカー自身の態度が問われていると言えよう。こうした現実から明らかになることは、クライエントを単に援助の対象とするのではなく、これまで示した関係的存在として理解することの必要性なのである。

(2)　どのようにかかわるのか

当然のことだが、関係的存在には援助者自身が含まれているし、含まれていなければ意味がない。また、実践においてクライエントは援助者と無関係に存在してはいない。たとえば、ソーシャルワーカーは、クライエントを支援するために自分から相手に近づいていく。そして、相手に必要だと思えることを〈する〉ことで自身の専門職としての仕事をする。もちろん、その過程においては、相手に大きな影響を与えている。反対に実習生は「壁になりなさい」と指導され、ソーシャルワーカーはクライエントに影響を与えないように「空気のような存在になる」ということが推奨される。あたかも、何も影響を与えない存在になることで客観的な対応ができると考えられている。しかし、どんなに控えめなかかわりしても、あるいは自分を消そうとしても、かかわるということ自体がすでに相手に影響を与えている。このことに関して、メルロ＝ポンティ（1993：131）は「観察はすべて介入であり、被験者のなかのなにかを変えることなしに、実験したり観察したりはではないのです」と指摘する。したがって、何もしないで傍にいるということがすでに介入であり、多大な影響を与えているのである。そのためポイントになるのは、援助者がどのように影響を与えているかを知ることである。クライエント側だけの問題ではなく、ソーシャルワーカーがどのような態度でかかわっているかが、大きいことがわかろう。残念なことに、〈する〉ことに専門性の証を見出そうとする人は、こうした〈かかわる〉という基礎の態度を軽視したり、無視してしまうのである。

専門的なアプローチを志向することで、多くの研究者や専門家が自分と切り離して対象を知ろうとする態度を生み出し、自分がクライエントと関係的存在ではないことを暗に示していることになる。そうすることで外側から第三者的に相手を細分化して分析できると考えているのである。怖いのは、先に示したような難しいクライエントと出会った時、援助者が自分を守ろうとして対象化する態度をとり相手を遠ざけ、適切な対応ができなくなることである。相手を理解するために、どのように相手のことを見、聴いているかという基本的な援助者の態度が問われているのだが、その問いから逃げてしまうのである。この問いは基礎へとなされているのだが、ここでの基礎とは根源的（radical）なものである。そうした問いを発することで関係的発想から課題へと正面から向き合うことで相手をわかることが可能になるのだが、それには対象化というテーマに潜む難題へチャレンジすることが必要になる。その鍵となるのが、対象化の基本となる相手をどのように〈見る〉のか、〈見えている〉のかというテーマである。

2　見えるものの中にある見えないもの

(1)　見えるという体験

すでに与えられているもの、届いているものを基礎として〈見える〉の積極的な意義を検討してみたい。たとえば、ソーシャルワーカーが経験を積んでいくことで、心理的な問題に対応できるようになりたい。あるいは、相手の気持ちに気づいて理解できるようになりたいと言う人たちがいる。当然のことだが、こうしたことは直接的に目に見えるものではない。実践において多くの場合に相手の身体や目に表れる表情や声のトーンから感じとるのである。したがって、瞬間的に表れる相手の表情の動きや声のトーンの変動から気づき、感じることができるかが問われることになる。そうした動きを見えることが相手を理解することになるのだが、援助者が見ようとして目で捉えるというより、対象としてはいないのに目に入ってくる、感じることで受け取っていると言った方が正確だろう。

では、先に示したような気持ちの動きの表れをこれまで見ていなかったのだろうか。実際には、見ていたし、見えていたはずである。不思議なことに、それでも見えていなかったのである。対象化して見ようとすると見えないのだが、対象とならずに表れているのである。したがって、対象として捉えられるものを見るのではなく、対象とならないものを見ることが必要なのだが、援助者が相手や場の世界に接触することで引っかかり、戸惑いを感じることで見えるようになるのである。そこでは主観が世界とどのように接触するかがポイントになっている。

(2)　見えるものにへばりついている見えないもの

見えないものを見ようとすると、私たちは見えないものを探し、求める。しかし、見えないものは、どこか別のところにあって見えないのではなく、今・ここにあるのに見えていないのである。メルロ＝

ポンティは、たとえば意味は見えないものであるが、この見えないものは見えるものと矛盾するのではないと指摘し、「見えるものそれ自体が見えない骨組みをもっているのであり、見えることのないものは見えるもののひそやかな裏面なのであって、それは見えるもののうちでしか現れない」、さらに「見えるものが見えないものを懐胎している」（1989:311）と強調する。図7-1に示したように、見えないものは見えるものの裏側にへばりついている。それを透視することはできないし、現実の世界では裏側に回ることもできない。そのため、見えないものを見えるようになるためには、見えているものからしか始められない。当然のことだが、自分から見えないものを見ようとする行為は、見えることを可能とはしてくれない。なぜなら、見えるに積極的に挑むことは、また対象を求めてしまっていることになるからである。

ある人や場所を理解することとは、私たちが見えるものの中にあったもの、つまりあったのに見えなかったものを見えるようになることが必要なのである。それは、相手や場の世界と接触することであり、その中で与えられているもの、すでに関係の中にあるものを感じ、発見することから可能となるのである。

これまで人間の理解において、人間は未完成なので人間に常に「なる」ということを強調してきた。そのことは、私たちが止まっているのではなく、動きの中にあることを示している。関係的存在として、他者との関係で動いている、あるいは動くことができるのだが、同じ対応を続けることで相手のことを止めて決めつけて見てしまう。相手との関係は開かれているのだが、決めつけることで閉ざしてしまい見えなくなるのである。このように見えるものに注目することで、見えるものにへばりつき、それを支

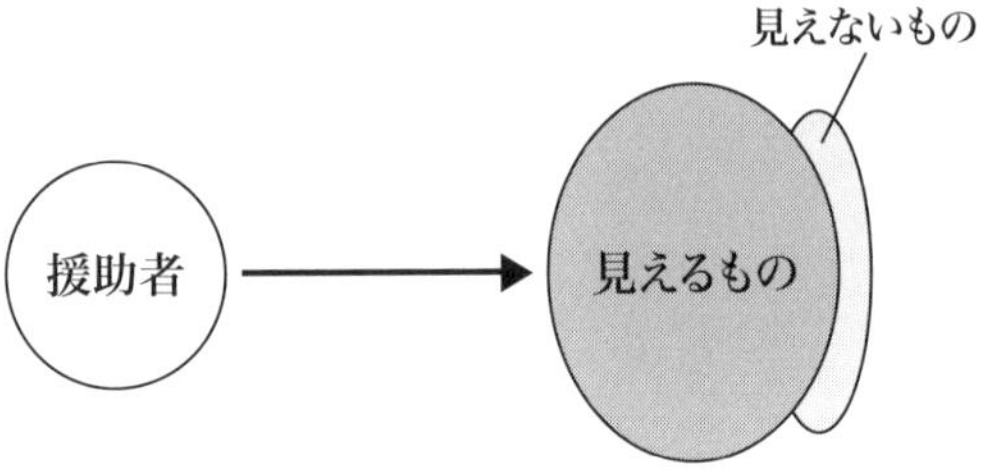

図 7-1　見えるものにへばりついている見えないもの

えている見えないものが忘れられる。メルロ＝ポンティはこのことについて「この世界の見えないもの、つまりこの世界に住みつき、それを支え、それを見えるものにする見えないもの、この世界の内的で固有な可能性であり、この存在者の〈存在〉なのである」（メルロ＝ポンティ＝1989：209）と教えてくれている。ここまで示してきたことを具体的な事例から考えてみたい。

3　見えることで可能となる

(1)　家族に囚われてしまう

医療ソーシャルワーカーを対象としたグループスーパービジョンでのことである。提示された事例では、高齢の母親と失業中の息子（次男）が同居しているのだが、この家族は母親の年金によって生活をしていた。母親は脳梗塞の再発、頚椎損傷、四肢麻痺などで入院を繰り返す中で、ほぼ全面介助が必要になるのだが、経済的な問題もあって他の病院や施設などへの転院が難しいという事例だった。次男は母親を大切にしていると言い、毎日のように見舞いに来ている。また、他県に長男がいるのだが、自分が世話をすると言って協力の申し出も断っている。ところが、病院に入院費を払っていないことが明らかになる。その解決策としてソーシャルワーカーは次男に入院費の減免の手続きをしてもらいたいのだが、「わかっている」と返事はあるものの、いつまでたっても行動してくれないので困っている、という発表がされた。そして、これまで紹介してきたことが、ソーシャルワーカーにとって見えることだった。

前記のような状況に対して、「次男と一緒に手続きをしたらどうか」、それができないならば「強引に手続きをさせたらどうか」などの意見がメンバーから出された。事例を提出したソーシャルワーカーからは参考になり感謝していると述べられたが、同時に次男が自分の問題として受けとめて欲しいことを願っていることが伝わってきた。そこで私は次のような問いをメンバーに投げかけてみた。今、皆さんは息子を困った存在であると考え、彼に自分の問題として対処してもらいたいとアプローチしている。ところが、問題は母親の病気から起こっていて、その医療費を何とかしないと彼女を大切にできない。そのためには手続きのための話ではなく、「今、大切にしたいお母さんがどうなっているのか、息子はどのように思っているのか」を話し合うことが必要である。年金から医療費を支払わないとお母さんを大切にできないと理解してもらうことである。それは息子が自分の生活費を削らないと不可能なことであり、さらにこれから自分が仕事をすることが必要だとわかってもらえるのではないだろうか。メルロ＝ポンティを引用し、指摘したように息子の現状が見えるもので、その背後に見えないものがへばりついてあることがわかろう。

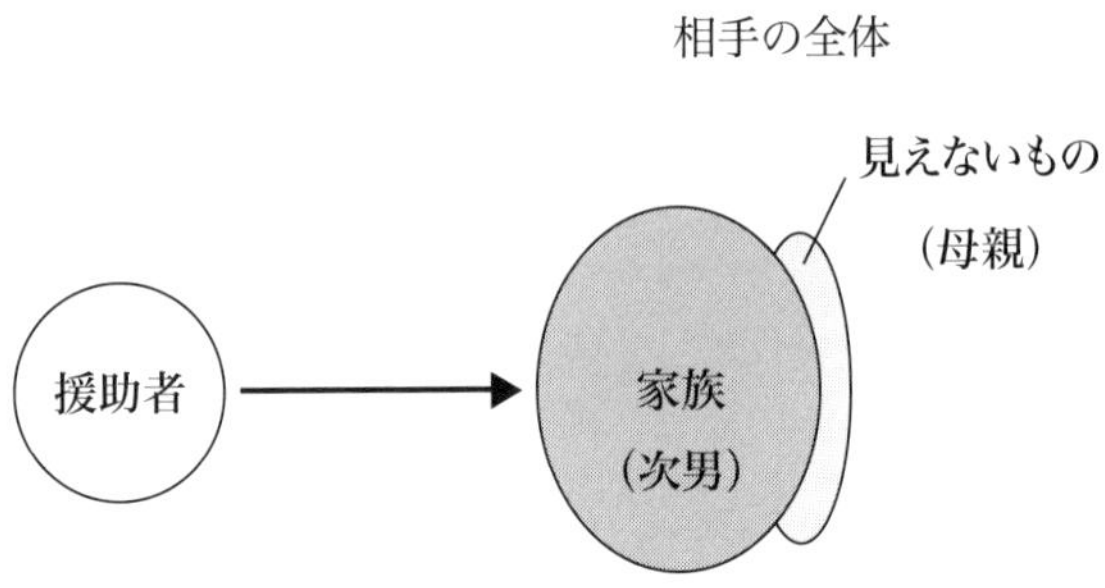

図 7-2　見えるものにへばりついている見えないものの実例

(2)　隠れている母親との関係

担当ソーシャルワーカーも、この事例のクライエントは息子であると考え、息子を見ていた。それが見えるものであった。ところが、先に指摘したように母親の病気や入院で生じている問題であり、そのためにはソーシャルワーカーが息子と母親の関係を、つまり母親を見る必要があった。それが目の前の問題に対処することで、ソーシャルワーカーにとって見えていないことだった(図7-2)。しかし、それは息子の母親を大切にしたいという想いという、もともと見えるものの中にあったことがわかろう。こうした発見を、ソーシャルワーカーは実践において息子が見えるように支援することである。ここで私がソーシャルワーカーに対して見えないものを見えるようにするのを手伝ったのだが、そのかかわりが、今度はソーシャルワーカーがクライエントに実践するために役立つことがわかろう。

息子にとっては見えにくい、あるいは見えなくさせている現実がある。すべては母親を大切にしたいという彼の気持ちから始まっているのだが、それが背後にへばりついているために見えない。そのため彼が母親を大切にするには、どうしたらいいのかという課題があることを見えるようにする必要がある。また、母親の年金が息子の生活を支えているのだが、彼の生活を支えているものであり、あたりまえにあるものがゆえに見えない。それは息子にとって当然のことになっているのだが、先にも指摘したようにそのことに気づいて感謝することができれば、生活費を削ることも可能であろう。ただし、それは彼にとって、自分の身を削るように痛いことなのである。

他方で、こうしたことができれば息子は母親、ソーシャルワーカー、かかわる人々との関係から、自分のことが見えるようになる。見えることで適切な行動が、あるいは客観的な対応が可能になると言える。したがって、見えるようになるということは、援助にとても大きな力をもたらすし、実際に人を動かす力になるのである。

4　全体の見方、見え方が変わるという体験

(1)　一人では見えない

ここまで検討してきた事例からもわかるように、毎回同じ見方をしていると、見ているのだが限られたものしか見えない。そして、見えているものが障壁となって本当に見たいものが見えなくなっている。ではどうしたらいいのだろうか。もう一度原点に戻って問いかけてみよう。私たちは、全体の中からある個別の対象を浮かびあがらせて見ている。見えないものとは、全体の中にある他のものであるが、そ

れは全体をどのように見るかにかかっている。全体的な可視性を創り直すことが必要なのだが、見方が大きく変わることが必要になる。このことについて、メルロ＝ポンティ（1966：256）は「見えるものは、或る全体的な可視性にもとづいているのだが、この可視性は繰り返し創りなおされており、そのつど、見えるもののうちに閉じ込められているさまざまな幻影を解き放つのである。」と指摘する。

見えるとは、こちらから新たなものを積極的に掴もうとするのではなく、見る私と見られる相手の区別がないところで起きる。そこでは、能動と受動が同時にあり、一人ではできなかったことが相手の力を借りることで可能となる。そうした瞬間に全体は再構成され、見えるものの中に閉じ込められていたものが見えるようになるのである。具体的な例から示してみよう。なぜ、ある人には見えているのに私には見えないのだろう。これまでスーパーバイザーには見えていることが、バイジーには見えない、わからないことを例として挙げてきた。バイジーは、自分が見えていないことにショックを受けるという体験に遭遇することになる。気をつけて欲しいのは、見える人に超能力があるのではない。あれこれと考えることをせず、ただ必要に応じて身体が感じ、自分を動かすことを、共にいる世界においてしているだけである。そうやって自分のことを忘れて動くことで、こちらからわかろうとして働きかけるのではなく、相手が見せてくれる、あるいは教えてもらうという理解ができるのである。見方を変えようと意識するのではなく、引っかかり、戸惑うという感性、自身の動きがあるかにかかわっているのだが、その瞬間に動くことで、話の内容の理解に囚われていた私が、気づいたら相手をわかろうとしている。こうした発見が、全体の見方が変わったことによって可能となるのである。面白いのは一人ではなく、相手に引き寄せられて可能となることである。

(2)　全体が見える—相手、自分が見えるようになる

この見えるという体験は、いわゆる科学的に分節化し、分析することで明示される説明とは異なる視点を与えてくれる。以前に専門演習の授業において、フランクルの『それでも人生にイエスと言う』を読む中で面白い発見があった。ある学生は、強制収容所の中で「多くの人は、典型的な収容所囚人になるのだが、もう一方でたとえ外から強要されても、その環境に自分なりの態度をとるという人間としての自由があること」（フランクル＝1993：127–129）を学んだ。そのことをレポートに報告するとき、「人間はどんなに外的に不自由な状態であっても、内的には自由でいられる」とまとめて、よく理解できたとスッキリして話した。もちろん、真面目に理解しようとする優秀な学生だった。そこで、私は、「本当は自由だったのか、不自由だったのか」と突っ込んで質問をした。学生は問われると詰まってしまったことを記憶している。自分が一番わかったと整理したことが、実は問題だったことに気づいたのである。というのは、外と内に分けて説明すること、これが人間を分節化し、分析する態度なのである。部分に分けて説明すると、わかりやすくなる。しかし、そのわかりやすさとは、説明する人にとってのものであり、自己満足だけで終わってしまうことになる。実際に苦しんでいる一人ひとりが、どうなのかを明らかにしようと応えるものにはなっていないのである。

問題は、どの収容者にも残された自由はあったのだが、その自由に対してどのような態度をとるかで

あった。そして、どんな態度をとるのか、ある個人の決断を理解することが、丸ごとのその人を理解することになる。フランクルも言うように、自由を放棄し、本来の自分のあり方を放棄し、パンのみに生きるになってしまった人がいる。他方で、「無感情を克服し、いらだちを押さえて」（1993:127）、最後まで自分のことより他人のことを気遣っている人がいた。こうした一つひとつのことが全体を見えることであり、見えることで発見できることである。

分析することは、またそれがうまくいけばいくほど、その時点で起こっていることを追いかけることを止めてしまう。当然だが、全体が見えなくなる。反対にどこまでもわかろうと探究することは、終わりがない歩みである。もちろん、だからと言って全体をすべて掴めるのではない。どこまでいっても未完成なのだが、全体を見えるように求めているのである。したがって、私たちにできることはありのままを理解し、記述することである。それができるようになることは、素朴で地道な営みだが、洗練さと鍛錬を要する。そのプロセスのなかで、私たちは全体が見えるようになり、他者と出会うことができる。

今度は相手のことだけでなく、自分のことが見えるようになった体験を紹介してみたい。ある学生は、卒業課題研究に取り組む中で、自身の話すときの態度を振り返った。そうしたところ、相手との関係がギクシャクしないように、「こういえば、相手はどう反応するだろうか」と考えて話していることに気づいた。こうやって考えることで、目の前の相手を見ているのではなく、自分が思い浮かべた相手を見ていた。自分が相手をどう見ているかがわかるのだが、実際の相手を見ていないということがわかったのである。学生の発見は、考えるとわかるのではなく、むしろ考えないで見ることができると相手のことがわかるということであった。ただし、その結果、波風は立つことが起こることもある。面倒なことになるかもしれないが、やはり全体が見える契機になり、今まで見えなかった自分が見えるようになるのである。

さらに別の学生は、相談されると、すぐに相手に何か返さなければならないと思っていた。そのため、聴きながら返答する内容を考え、気がつくと自分の引き出しにある過去の体験を利用してアドバイスしている。そうした自身の態度とは、現在の私ではなく、過去の私が話していることに気づいた。話しているのは、今の自分ではないことが、論文として書くことで見えるようになったのである。こうした発見とは、メルロ＝ポンティ（1993：76）が言うように「言語が単に思考の外皮ではないこと、むしろ言語活動のうちに、他者との接触を通して自己を獲得していく手段をみなければならない」ことになる。つまり、過去の私が話すことで、相手との関係の中で生まれたものではなく、ことばが自分の考えを伝える手段になってしまっている。そうしたかかわりをしている自分のことが見えるようになるのだが、それは今の自分を使っていないことがわかることである。ショックなことではあるが、自分のことが見える新鮮な体験となる。

対象化の基本となる視点として〈見える〉を検討してきたが、相手との関係を表す〈見える〉は援助者側の能力の開発だけではなく、見えること自体が自―他に役立つことがわかる。他方で、対象化について問いかけてきたことは、対象を単に研究や実践のための関心としてだけ見るのではなく、対象を大切にすること、対人援助においては前章でも示したように愛する、信頼することである。この相手を大切にする対象化は、共同作業を通して相手から教えてもらえることを可能とし、援助実践に役立つものとなる。援助者の対象者にかかわる基本的な態度が、相手から愛され、信頼されることを生み出す。もちろん、愛や信頼とは交換条件として報酬を求めるものではないが、結果として起こることである。かつて経済哲学者のマルクス（Karl Marx）は「人間を人間として、そして世界に対する人間の関係を人間的なものとして前提としてみたまえ。そうすれば、君が愛と交換できるのは愛だけであり、信頼と交換できるのは信頼だけである、等々。」（フロム＝1970:202）と示した。実際にどうなるかは、やってみなければわからないのだが、それをできるのが専門性である。この理念の確信と実践することが、生を覚醒する現象学の出発点になっている。

〔文献等〕

Frankl,V.（1947）Trotzdem Ja zum Leben sagen, Franz Deuticke, Wien（＝1993 山田邦男・松田美佳訳『それでも人生にイエスと言う』春秋社）
Fromm,E.（1961）Marx's Concept of Man, New York（＝1970 樺俊雄・石川康子訳『マルクスの人間観』合同出版）
Maurice Merleau-Ponty(1964)Le Visible et L'invisible suvi de notes de travail Éditions Gallimard（＝1989 滝浦静雄・木田元訳『見えるものとみえないもの　付・研究ノート』みすず書房）
――（1964）L' Ceil et l' esprit, Gaillmard（＝1966 滝浦静雄・木田元共訳『眼と精神』みすず書房）
――（1988）Merleau-Ponty à la Sorbonne, résumé de cours 1949-1952 édition Cynara（＝1993 木田元・鯨岡峻訳『意識と言語の獲得　ソルボンヌ講義Ⅰ』みすず書房）

Ⅲ　スピリチュアリティを覚醒させる人間的体験

第8章　孤　独　―生を健康にする

多くの人が、「私は一人ぼっち」だと感じたり、反対に「一人きりにはなりたくない」と思ったことがあるだろう。その背景には、自分が一人でいること、あるいはなることに対して不安があるからだ。毎日の生活を振り返ってみると、一人になることに対して敏感な態度を取っている人がいることがわかる。たとえば、グループの中にいるのに孤独を感じる体験をする。物理的な空間としての集団の中にはいるのだが、仲間の輪に入ることができずに一人ぼっちだと感じている。また、常に自分が仲間からどのよう思われているかが気になる。そのため、自分が集団の中にいないときにどのように思われるかが心配で、無理をしてでも集団の中にいようとする。その結果、一人になることができないのである。

なぜ、多くの人たちは一人でいること、なることに対して警戒をするのであろうか。誰かとつながっていないと、自身の存在価値が証明できないのだろうか。こうした現状を見ると、一人でいるということは勇気がいることであり、周りから見れば変わり者とみなされることにもなる。

他方で、私たちは、自分らしさという個性を求め、生活の様々な場面で自己決定の大切さを強調する。そこでは、一人の個人であること、また自分が一人で行うことを大切にしようとしている。つまり、一人ということは避けることではなく、積極的な意味があることを示している。健康な人間は、一人でいる時間を大切にでき、孤独の中で自分を見つめられる。本章では、人間が孤独な存在であることを確認し、孤独を生きられる人が自分を、また他者との関係を大切にできることを示していく。

1　一人になれない　―よい人間関係が私を守ってくれる

(1)　人間関係のなかで一人になること

冒頭に、多くの人は意識的・無意識的に一人になることを恐れていると指摘した。裏返せば、人間関係の中にいることで安定し、人は孤立しないで生きやすくなると思っている。そのため人間関係を維持し、壊さないようにすることに気を遣っている。今日では、人間関係を良好にしておくことが、自分を生きやすくさせ、また守ることになると考えていても不思議ではない状況がたくさん見られる。

たとえば、よい人間関係を作り、維持することで、私たちは職場で仕事を円滑に進め、また学校で自分の居場所を確保することができる。そのため、相手と意見が異なったり、チームのメンバーの言動に疑問を感じてもストレートに表さないようにしている。そうやって自分が孤立することを避けている。特に、職場で管理者、リーダーの役割を担う人にとっては、人間関係を良くしておくことが、共通のテーマとなっている。そうすることで、組織の目標達成に向けて進むことができ、自身も困らないで仕事ができる。何よりも自分が安定し、現在の人間関係が続いていけば、自分の存在が保証されるような錯覚に陥っている。しかし、そうした人間関係とは、ある目的のために手段化されたものであり、最終的に自分も、相手も道具にしていることに気づいていない。

反対に、チームの中で自分の存在をハッキリさせること、他者との〈ちがい〉を明確にすることは、自分がチームや人間関係のなかで一人になることである。たとえば、問題が生じてチームのメンバーと向き合おうとするとき、私たちは自分の殻から出ていき、相手のところへ行く。そのとき、独自な存在として自分を表しており、一人で行動している。勇気のいることであるが、誰にも頼らず一人でするから相手に誠実さが伝わる。結果はどうなるかわからない。しかし、どうなるかわからないことを一人でするから伝わったときの喜びは大きなものがある。

前記のような行動は、矛盾する表現になるのだが、人間関係の中で一人になることができることを表している。つまり、関係のなかに自己を埋没させるのではなく、関係のなかで一人になることで自分を、そして相手を大切にできることを示している。自分が一人になることを恐れている人たちには、簡単にできないことである。

(2)　人間関係から離れて一人になること

仲間と一緒に行動しないで一人になるときがある。こうした行動をすることは、グループを離れることであり、私たちを不安させる。もちろん、一人になることがない人はいない。その際に、良い人間関係を保っているときは、グループを離れても安心で、そんなに心配することはない。休みなどでチームを離れても、その間に没頭することがあれば、自分がどう思われているかを気にすることはないだろう。反対に、何もすることがなくてぼんやりと過ごしていると、職場の仲間のことが思い浮かび心配なことが出てくることがある。また、休み明けで一緒にいる時間が無かった後には、出勤したとき他のメンバーから自分がどのように見られているのかを気にする。

休日に一人で過ごすことを想像してみよう。一週間を忙しく働いたサラリーマンが、週末に自宅でのんびり過ごしている。一日誰と会うこともないし、買い物に出ても最低限の会話をするだけである。仕事をしているときは、会社で誰かと一緒にいるのがあたりまえだが、休みで仕事がないと一人になる。この一人で過ごす時間が、ある人たちにとって自身の存在を揺り動かす時間となる。暗い気持ちになり、「会社にとって私は必要な存在なのだろうか」「仕事がなくなったら私の存在価値はあるのか」、さらに「自分に生きる意味はあるのか」「そもそも自分があるのか」という疑問にさいなまれるのである。

上記のような症状とは、精神科医フランクルが日曜神経症として示す事例と共通している。そして、彼は生きることに目的も意味も見いだせない状態を「実存的欲求不満」(1961:135) と呼んでいる。こうした人たちが最も恐れているのは、一人になっているときとは、他のだれかではなく「自分自身と一人でいなければならない」ことである。そのため、内側に何もない自分と一緒にいられず、一人でいることから逃げ出したくなる。確固たる自分を持っていない、確認できないことは、自分が無いことであり、無ということが多くの人を不安にさせる。

他方で、一人でいることに積極的な意味を見いだせる人がいる。私たちは社会的役割という鎧を身につけ、それを自分だと思っているが、実はそうしたものを剥ぎ取った後に残るのが「存在としての私」（谷口＝1962：189–190）である。社会的な役割がなくなることで、裸の自分と向き合うことは不安である。しかし、自分の外側にどんなに多くのモノを纏っても、それで自身の生が充実するわけでないし、逆に存在としての私を見えなくさせてしまう。フランクルが指摘した内側に何もないニヒリズムとしての無ではなく、存在しての私は、誰もが無用な存在であると認めることである。そのとき、私たちは「無用者としての自分」を受け入れることができるのである。したがって、一人でいられることとは、自分自身への不安を克服することであり、自分を大切にすることだとわかる。

現象として見れば、一人でいることと人間関係の中にいることは異なる。そのため両者を区分して、それぞれの意義を考えがちである。しかし、実際にはどちらにおいても一人でいることへどのような態度をとるかがポイントになることを、日常生活の態度から明らかにしてきた。次に、人間を理解するための研究として、人間関係を重視する視点と孤独の意義を訴える発想の両者を比較し検討してみたい。

2　関係的存在としての人間理解と孤独

ここからの議論は、ストー（A. Storr）による『孤独―自己への回帰』を基にして進めていきたい。基本的な着目点としては、「人間の情緒的発達は、親密な人間関係によってもたらされるのか、それとも一人でいられる能力にあるのか」ということである。

(1) 親しい人間関係と一人でいられる能力

ストーは、精神分析の創始者であるフロイト（S. Freud）から対象関係論者へという研究の流れを概観することで、「援助専門家といわれる職種の人々の大多数は、親しい人間関係が幸福の源泉となると考えている」（ストー＝1994:27）と指摘する。また、ボウルビィ（J. Bowlby）の愛着の概念を検討することで、「対象関係論者は、親密な愛着が人生の意味と充足の主な源泉であるという考えを固持している」（1994:40）とも示している。こうした発想においては、他者との親密な関係を維持できない人は、神経症的か未成熟なのであり、援助を必要としていることになる。しかし、ストーも指摘しているように、私たちは誰かと永遠に親しい関係を維持することはできないし、そのことに拘ることで却って人間関係の中で息苦しくなってしまう。当然のことだが、出会いがあれば、必ず別れがある。

前記のことを指摘したうえで、ストーは「一人でいられる能力[1]」に言及する。その議論の出発点として、「愛着の理論は、仕事の重要性や人間が、一人でいるときに心のなかにわき流れる情緒の意義、そして特に、想像が創造的な活動をしている人々の中心を占めること、これらの価値を正しく評価せずにないがしろにしている（傍点佐藤）」（1994:41–42）とする。この一人でいられる能力について、ウィニコット（Winnicott, D.＝1965:26–29）の情緒発達の成熟度を示す観点から論拠づける。すなわち、幼児が母親と一緒にいて一人であるという体験が基盤となり、逆説的であるが、その体験が個人の人格のなかに組み込まれ、一人でいられる能力が獲得されることになる。そして、先の愛着の理論の批判点に関して、ストーは一人でいられるからこそ、私たちができることを強調する。つまり、「学習や思考や革新や自分の内的世界との接触を維持することは、孤独によって促進される」（1994:61）のである。

ここで少し議論を整理したい。ストーは、愛着、また親しい人間関係が必要ないと論じているわけではない。そうしたテーマを追求していくことで、一人でいることが正しく理解されなくなることを指摘するのである。したがって、他者との人間関係と一人でいることは、別の課題であったり、両立しないものではない。それは人間をどのように理解するかという一つの課題の両面であるが、ストーはこの点についてを明確に言及していない。そのため、ここで私たちは、まず取り組みへの糸口として自明としている人間関係への問いを徹底させ、人間の理解を提示することから始めたい。

(2)　関係性から人間関係を基礎づける

本章の最初に、良い人間関係を維持することで、多くの人たちは自分を守ること、一人ぼっちにならないようにしていることを確認した。そうした日常における人間関係の基にあるのは、「人は一人では生きられない」という人間の理解である。自分が困らないように良い人間関係を維持することを気遣っている。そこでの出発点にあるのは、個々の自分であり、私たち一人ひとりは別々に存在していて、どうやって関係を作るかが課題となる。先に紹介した援助専門家が、親しい人間関係が幸福の源泉となるという考えも、人間関係そのものの理解を吟味していかないと、同じ発想に陥ることになる。そのため、ストーが言及していない人間関係の理解という基本的な課題が看過できない問題となることがわかる。

必要なのは、単なる良い人間関係ではなく、お互いを大切にする関係である。そこでは、良い関係を支える相手との〈つながり〉だけではなく、お互いの〈ちがい〉を表したり、受け入れることができる。つまり、あえて一人になって違和感やモヤモヤした気持ちを伝えられる。こうしたかかわりとは、他者を信頼し、大切にしようとする動きである。一度作った関係を維持し、守ることではなく、「人はもともと一人では生きていない」（早坂＝1994：はしがき）という事実に基づいて行動しているからできることである。人間が関係的存在であると示されるのは、二次的に関係を作るのではなく、最初に関係があって私とあなたが生まれてくるのであり、そうした人間関係の体験的概念が、すでに本書で示してきた関係性（relatedness）であり、いわゆる人間関係は関係性の基に成り立っている。

私たちが、一人でいること、孤独であることと人間関係を求めることが相反することのように考えるのは、人間関係という次元に囚われて生きているからである。多くの人は、関係性を生きていることを忘れている。平凡な毎日の人へのかかわりのなかで、人間関係に悩み、自身のあり方に問いを発するとき、私たちは自身が生きている関係性を発見することができる。具体的な例から考えてみよう。

(3)　一人になって自分を表す

ある対人援助職のグループ・スーパービジョンのできごとである。研修も回を重ねて後半にさしかかっていた。参加者のSさんが、仕事のなかで先輩から「上から目線で話している、対等な関係になっていない」ことを指摘され、言われていることがわからなくて辛い思いをしたことを話してくれた。それに対して、あるメンバーから「対等な関係と言われると何も言えなくなる」さらに「対等な関係とはどういう関係なのか」と畳み込んでの発言があった。Sさんは、その発言に同意しながらもスッキリした様子は見られなかった。そのとき、別のメンバーTさんが「今、必要なのは対等な関係がどういうものかを話し合うことではなく、Sさんの辛かった気持ちを受けとめることです」とキッパリと指摘した。その発言によって、グループの緊張は高まったが、みんなが今何をしたらよいのかを共有できた。

対等な関係に拘る人の発言に対して、モヤモヤした気持ちになったTさんは、不全感を自分の中に溜めるのではなく、感じたときに出せたのである。この研修においては、それまでメンバーの発言に対して、受けとめていない発言をするメンバーに戸惑っている様子が度々見られた。しかし、誰もが戸惑いや引っかかりを明確にしていなかった。このとき、初めてTさんが自分から動いたのだが、それは自分の殻から出て一人でメンバーや自分自身と相対したことになる。その行動によって、自分から動き出す他のメンバーも出てきた。

Tさんが動き出すまで、参加メンバーはグループでの人間関係を気遣い、自分が一人浮いてしまうことを恐れていた。良い人間関係にしがみついていたのが、それでは相手を、そして自分を大切にできないと気づいたのである。そのとき、人間関係のなかで、一人に、な、る、のだが、相手を、そして自分を大切にできている瞬間である。こうやって私たちは、自分が生きている関係性を発見する。

(4)　関係性を生きることと孤独

人間関係のなかで一人になることは、お互いを大切にするために必然的なことであるのを確認した。そのとき、私たちは関係性を発見するのであって、失くしてしまうのではない。したがって、関係性から人間関係を基礎づけることによって、人間関係を生きることと一人でいることが両立することがわかる。

今度は人間関係から離れて物理的にも一人でいるときのことを検討してみよう。たとえば、原稿を書いているとき、読書に集中しているときなど私たちは一人である。また、無心になって瞑想しているときが思い浮かぶ。こうしたときは、一人にならないと集中できないし、他のことを忘れている。こうした時間を大切にする人は、一人でいることに不安を感じるのではなく、一人で生きられる時間を求めている。つまり、孤独になることによって創造的に生きているのである。しかし、面白いことに、多くの人は孤独だと感じていない。むしろ、多くの人は、人間関係のなかで孤独を感じる。

では、上記のように一人でいるとき、その人は関係性を生きていないのだろうか。もちろん、生きている。たとえば、原稿を書いている研究者は、自分の体験を基にして執筆しており、また誰かに読んでもらうことを念頭においている。読書においても、登場人物と出会って読んでいる。さらに、瞑想のように無心な状態になった後でも、私たちは、そうした体験が終わった後に他者との関係を生きることができる。したがって、関係性とは、意識してわかることではなく、すでに私たちが関係的存在であることを示しているのである。

3　孤独がもたらす可能性

ここまで、現代人が孤独や不安を避けることによって、むしろ他者や自分自身と出会う機会を逃していることを示してきた。しかし、人が孤独な存在であることに気づき、孤独を大切にする生き方は、私たちの生を豊かにしてくれる。確かに、孤独には、暗い、寂しい、沈黙といったイメージがつきまとっている。だが、それらは多くの場合に孤独を感じるという孤独感であって、私たちが、もともと孤独な存在であるということを表しているわけではない。

(1)　孤独な存在としての人間

尼僧であり、小説家でもある瀬戸内寂聴（瀬戸内 =1998:18–20）が指摘するように、私たちは、生まれるときも、死んでいくときも一人である。結婚してパートナー、子どもがいても一人である。すなわち、孤独である。誰かと一緒に生活をしていると、この事実を自覚している人は少ないだろう。だからパートナーに先に逝かれると、残された人は一人で生きていかねばならないと思い、不安になる。当然のことだが、今までの生活では二人でしてきたことを、一人でしなければならない。反応もさまざまである。一人になって、せいせいし、ホッとする人、自分一人では何もできないと思う人、寂しくて一人では生きていけないという人もいる。もちろん、亡くなったパートナーに感謝し、別れを大切にできる人もいる。

共通しているのは一人になったということだが、課題は一人であることへどのように向き合うかである。

上記のような事実が示しているのは、私たちが孤独な存在だということである。ポイントは、孤独なのは私一人だけでなく、誰もが孤独だということにある。そして、孤独であることが、「実存的交わり」を可能とすると強調するのが、実存哲学者ヤスパース（Jaspers. K.）である。交わりと孤独について「交わりによって、どんなに孤独を無くしたところで、また新しい孤独が生じてくる。なぜならこの孤独は、交わりの制約としての私自身がなくならない限りは消滅することがないからである。」（ヤスパース＝1964:73）と指摘する。さらに根源から自分であろうとし、そのために深い交わりに入ろうとすれば、孤独を欲することになると展開するのである。

パートナーを喪ったとき、かたちはさまざまだろうが、多くの人は孤独を感じる。この体験において、パートナーとの直接の交わりをなくすことで、私たちは孤独な存在であることを再発見する機会となる。パートナーとともに生きていた時にも、実は孤独であったし、亡くなったことで孤独であることを改めて突き付けられるのだが、孤独は私自身がある限りついて回る。したがって、孤独を感じる、感じないにかかわらず、私たちは、孤独な存在であることがわかり、交わりにおいて生を覚醒するとヤスパースは言及する。

同様に、「私たちが孤独な存在である」ことを指摘するのがフロム（E. Fromm）である。フロム（1965:27–29）によれば、人間は理性的存在であるがゆえに、自分のことを知り、将来のことを心配する。そのため、自分が孤独で無力であることを感じ、孤立から抜け出そうとする。その際に自分を保つために病的な生き方に陥ることなく、健康に生きられる個人、社会の可能性を求める生き方ができる。やはり、ここでも孤独であることが基本にあり、孤独な人間が健康的に生きられること、また他者を愛するという保証のない行為に自分を賭けられる。孤独であることが、一人ひとりの可能性を生みだすことになるのである。

ヤスパースやフロムが教えてくれているのは、人間は孤独な存在であるのだが、だからこそ他者と交わり、ともに生きようとする。そして、どこまで行っても一人であることは無くならないのだが、それは不幸なことではなく、自分になるために避けられないことなのである。

(2)　一人になることを求める

孤独をテーマにして考え出したころ、ボランティアで相談活動をしている人たちに孤独の積極的な意味を話す機会があった。参加者の何人かは、子育てを終え、夫が定年退職した主婦だった。メンバーから次のようなことが話された。

定年退職した夫から用事を頼まれたり、面倒を見るのに毎日疲れていた。そのため、夕食が終わったら一人になる時間を意図的に作っている。自分にとって大切な時間となっているが、少しわがままな行動かとも思っていた。でもこうした時間がないと自分が持たないと思っていた。ところが、今日の研修で一人になることの必要性や健康な人は一人でいることができるということを聴き、安心した。これからも一人の時間を大切にしたい。

一人でいられる時間とは、誰かのために過ごす時間ではなく、純粋に自分のための時間である。子育てや夫のためにたくさんの時間を使ってきた人にとって、自分の世界に誰もが入ってこないで、自由にできる時間は、たとえ短いものであっても至福の時間となっていた。

話をしていて毎日の生活の中で、一人でいることが大切なことだという反応が返ってくるのは、嬉しい発見だった。周りから求められていろいろとやることが多すぎると、立ち止まって何のためにしているのか、なぜ自分がしているのかなどを振り返る余裕もない。一人になるための素早い方法は、誰かのために何かをすることをやめる、あるいは何もしないことである。そうやって一人になることで、私たちは自分で自分を見つめ直し、自身のあり方を問いかけることが可能となる。夫婦の間でそうした時間が必要なことを伝えて、理解しあえる関係になれるといい。

(3)　一人になるとできること

①集中できる

日々の生活のなかで集中するためには、一人でいることが必要である。私たちは、一人になることで集中できるが、誰もが簡単にできることではない。たとえば、私は趣味でジョギングをしている。毎回のことだが、走り出すと、いろいろなことが頭に浮かび、煩悩に囚われていることを実感する。遠い過去の出来事から始まり、昨日のことまで考えている。そうやって考えているときは、走ることに集中できない。もう少し走っていくと考えることができなくなり、考えることを忘れることができるようになる。この段階になると、走ることに集中できる。走るペースも安定しており、身体も無理をしないで走っていると実感している。

私の場合は、誰かと一緒に走ることはしないで、走るときは必ず一人である。先に示したように、一人で行うからといって必ずしも集中できるものではない。集中するとは、文字通りすべてのことを忘れて、〈今・ここで〉に取り組むことである。そうやって取り組んでいるときの今は、充実しており、永遠である。もちろん、時間の長さとしてではなく、今を大切に生きられているという意味においてである。こうして集中力を身につけ自分を鍛えることが、一人になることによって可能となる。

②愛する、信頼すること

一人になりたくない人たちは、たいていの場合に群れを作り、その中にいることで安心している。そこでは、仲間の集団と一体化していることが重要であり、権威に服従することで自分の居場所を見出している。そのような人たちは、人を愛したり、信頼することができない。なぜなら、愛することとは、私が一人になって行うことであり、だからこそ気持ちが届いたり、通じたりする。当然だが、相手と離れられないとできない。

フロムは、「一人でいられるようになることができるのは、愛することができるようになるための必須条件である」（1991:166-167）と指摘する。愛するということは、相手とともにいることであり、一人でいることとは逆のように思えるかもしれない。しかし、誰でもそうだろうが、どんなに愛している相手であっても二四時間つきまとわれていたら自分のしたいことができなく、息苦しくもなるだろう。問題は、ともに過ごす時間の長さではなく、濃さである。つまり、一回・一回の〈今・ここで〉の瞬間を大切にできるかである。したがって、お互いが出会うときに、どれだけ大切にできるかにかかわっている。そして、お互いを尊重、信頼できるからこそ、日々の別れを、そして人生の最後の別れを受け入れることができる。かたちとしては一人になるが、自分の愛した人たちは私たちの中に生き続けている。

③自分になること

ここまでの議論において、私たちは一人になることができないと、人とともに生きることができないことを確認した。同時に、誰かとともに生きることは、毎日の生活でも一回性のことであるし、永遠の別れが必ずある。そのとき、やはり私たちは一人になる。したがって、一人でいられることが、苦しく避けたくなることではなく、むしろ自分が自分になるために必要なことだとわかろう。

最後にもう一度、確認したい。自分が自分になることとは、他者や社会との関係で可能となり、一人ではできない。他方で、自分になっていくとは、私たちは一人の個別な存在であることを志向していることを示している。孤独から抜け出して人とともに生きようとするのだが、辿り着くのは孤独な存在としての自分である。そのことが、辛い運命なのではなく、私たちが健康に生きられる証なのである。したがって、お互いを大切にできる関係とは、互いの孤独を尊重することであり、そのことが私たちの生を豊かにしてくれる。

〔注〕

(1)　翻訳においては「独り」という表記が使われているが、この論文においては「一人」で統一したいため、引用の表記においても同様にしたことをお断りしておく。

〔文献等〕

Erich Fromm, E. (1956) The Art of Loving Harper & Btothers Publishers, New York (=1991 鈴木晶訳『愛するということ』紀伊国屋書店)

――― (1941) Escape From Freedom New York:Holt, Rinehart and Winston (=1965 日高六郎訳『自由からの逃走』東京創元社)

Frankl, V. (1955) Patologie Des Zeitgeistes Franz Deuticke, Wien (=1961 宮本忠雄訳『フランクル著作集3 時代精神の病理学』みすず書房)

早坂泰次郎編著 (1994)『〈関係性〉の人間学―良心的エゴイズムの心理』川島書店

Jaspers, K. (1932) Philosophie II ―Existenzerhellung, Springer (=1964 草薙正夫・信太正三訳『実存開明［哲学II］』創文社)

佐藤俊一 (2015)「人間関係の現象学―対象化への視点」足立叡編著『臨床社会福祉学の展開』学文社、14-33

Storr, A. (1988) Solitude (The School of Genius) Andre Deutsch (=1994 森省二・吉野要監訳『孤独―自己への回帰』創元社)

瀬戸内寂聴 (1998)『孤独を生ききる』光文社文庫

谷口隆之助（1962）『疎外からの自由—現代に生きる知恵』誠信書房

Winnicott,D.（1965）The Capacity to be alone, in The Maturational Processes and the Facilitating Environment, The Hogarth Press Ltd., London（=1977 牛島定信訳「一人でいられる能力」『情緒発達の精神分析理論』岩崎学術出版）

第9章　不　安

―生をゆるがし、目覚めさす

初めてのことを試みるとき、私たちは不安を抱く。たとえば、ある学生は自分の進路について、これまで親の言うとおりにしてきたが、今回は初めて自分で考えて決定したいと思っている。親の言うとおりにしていれば、頼るものがあって安心だったが、一人で行動するために不安になっている。私は、長いこと教員をしているが、未だに四月の新学期の授業準備をしていると不安になる。担当する科目が変わることがあったとしても、基本的に授業をするということは、同じことである。しかし、授業の準備をしていると、去年はどんな始め方をしたのだろうか、今年はどんな学生が受講しているのだろうか、私の講義を聴いてくれるだろうか、やはり第一回目の前は不安な気持ちになる。

こうやって私たちの行動を振り返ってみると、初めてのことに取り組むときだけでなく、同じことをしていても不安になることがわかる。一つには、日々の生活が単調な繰り返しに見えながら、一回・一回は異なり、同じことはないことを示しているからだろう。それゆえに、何回行ったことでも、今回はどうなのかと不安になる。どんなに経験を積んでも、つきまとってくる。さらに、多くの人が体験しているのだろうが、今、この瞬間までとても落ち着いていたのに、昨日のできごとを思い出したら急に不安になることがある。気になり出すと簡単に治まらない。このように考えると、不安の体験とは、私たちが避けることを願うだけでなく、まるで不安を求めているかのようにも思える。(1) 表現としては矛盾するのだが、不安がないと不安になるのである。それ程、不安は私たちの生とともにある。

前記のように不安は常に私たちの身近にあるのだが、多くの場合に否定的な条件として語られる。不安を避けることの意義や方法が氾濫しており、正面から向き合うことを勧められることは極めて少ない。そのため本章では、生をゆるがす不安が私たちに問いかけているものを改めて明らかにしてみたい。また、その取り組みを通して、従来の問題解決型では対応できない課題に対するアプローチとこうしたテーマが問いかけている現代的意味を確認していきたい。

1　不安の再発見

(1)　生の基本にある不安

経済成長の右肩上がりが終わり、自分の収入や公的年金の今後についてなど、見通しの立たないことが増えている。日本人の平均寿命が世界の上位にあっても、自分の健康については誰もが心配している。もし、何らかの障がいで要介護状態になったら、また癌と診断されたらどうしたらいいのだろうか。できることを予め準備しても、私たちの生活は、未来のことを考えると不安になる。

上記のようなことは、多くの人々に共通する面もあるが、実際には個々人で受けとめ方が異なる。ある人たちは、予防的手段を講じることで安心しようとしている。たとえば、私的な年金に加入し、貯蓄をする。人間ドックで身体の管理を行い、食事にも栄養面で気を使い適度なスポーツを行っている。趣味やボランティア活動にも自主的に参加し、人との触れ合いを大切にして孤独を感じていないし、忘れている。もちろん、不安を感じることは極めて少ないだろう。

他方で、癌になって余命が数ヶ月と宣告されている人がいる。残された日々をどのように生きたらいいのか。家族が気遣ってくれるのはわかるのだが、うっとうしくも感じている。一日一日をどうやって過ごしたらいいのか、気持ちばかりが焦って何もできない不安の中にいる。また、妻に先立たれたある男性は、昼間でも孤独を感じ、毎夜、これから自分はどう生きたらいいかを考えて不安な気持ちになる。

両者の状況を比較してみると、前者の人たちは不安を感じていないように見え、後者の人たちは不安の渦中にいることがわかる。しかし、まったく別の次元にいるように見えて、共通する面がある。前者の人たちに注目すれば、自身の生を予防することで、できるだけ安全なものにしようとしている。しかし、危険が迫れば不安になることは容易に予測できるし、そのために日ごろから気をつけている。つまり、今あるかないかは別として、不安を前提としていることは同じである。

ここで注意しなければならないのは、現代人はどうしてこんなにも不安を恐れ、逃れたいと思っているかという点である。その際に、何に恐れているのか、それを明確にできない。つまり、「不安がその対象に対する関係、無であるところの何ものかに対して不安になっている」(Kierkegaard, S. =1966 : 239)のである。予め予測できれば、リスト化して準備化できる。また、類似した体験である恐怖のように具体的な対象として示すことができない。対象として明らかにできれば取り除くための方策を考えることができる。したがって、この「対象化できないこと（没対象性）[2]」が、不安の厄介な面である。と同時に、なぜ対象化できないのかということを問いかけてみる必要がある。

(2)　不安は私自身の表れ

恐怖には対象があることを指摘したが、同時に恐れの具体的な対象は私たちの外にある。したがって、対象化しやすい。同様に、不安を予防する人にとっては、不安は自分たちの外にあり、襲われないように気をつけていると思っているかもしれない。ところが、不安は私たちの外にあるのではなく、内にある、より正確に言えば、私たちのありようの根幹にかかわっていることが特徴的なことなのである。そのため、自分の外側にどんな社会的鎧を身につけ、また健康に対する予防的手段をとり、たくさんの経験を積んで学んだとしても、完全に避けられるものではないことがわかる。はじめにでも示したように、私たちは元々、不安な存在だということがわかろう。反対に、そうした道具が役に立たないとわかるとき、「人間としてのわたしが生き残っており、人間としてのわたしが存在していることから生じる反応」（谷口＝1975:181）が不安なのである。したがって、不安は私の外にあるのではなく、私そのものであることだとわかる。

このように不安とは、私の外にある対象から脅かされることではなく、私というものが無くなる、確認できなくなるという私自身の反応なのである。問題となるのは私を脅かす対象なのではなく、私のありようなのである。このことに関して、谷口隆之助は「不安はわたしを非存在へと脅かす何ものかに対する反応なのではなく、それはわたしが非存在へと脅かされているというそのわたし自身から立ちのぼる反応であり、そのわたし自身の状態を表出する反応である」(1962:181) と指摘する。そのため、不安は私たちの生をゆるがすものであるが、不安のなかで私たちは自分に出会い、自分が何者かがわかる。

　多くの人たちは、不安を無くしてしまいたいと考えるが、不安を無くすとは自分を発見する機会を失うことになることがわかろう。反対に、不安と直面することで私たちの生き方が問われ、その都度の自身の生きざまがハッキリすることができる。そのため不安は、私たちを脅かすものではあるが、同時に生を確かなものにしてくれることがわかる。それは、私たちが、可能性を求めている存在であり、不安になることでそれが実行できることを知っているからなのである。ここに多くの人たちが忘れている「不安の再発見」がある。

(3)　**私という存在**

　私が存在しなくなることの究極的なことは死であるが、死が迫ると不安は最も高まることになる。反対に、私たちは日々の生活において自分が無くなるとは多くの人が思っておらず、「ある」ものであり、「続く」ものとみなしている。その拠り所としているのが、自分以外の権威であるのである。したがって、自分ではなく、自分以外のものを讃えるという「偶像崇拝」をすることによって自分を維持しているのである。ここでいう偶像とは神だけではなく、私たちが創り出した思想、モノなど、すべてのことである。

こうした現代人の生きる態度を、フロム（Fromm, E. ＝1977）は「持つ存在様式（have）」として批判する。たとえば、「自分には家やお金がある」、あるいは「家族として夫や子ども、職場には信頼してくれる部下がいる」ということで、そうした人やモノを持っていることで安心できるという考えである。生きるために必要な物や自分にとって大切な人を失いたくない、手離したくないという願望は、気がつくと対象を偶像化し、その対象に縛られ、支配されることになる。したがって、「さまざまの持つ対象ではなく、私たちの人間としての態度全体」（フロム＝1977：97）が問われているのだが、そのことに気づけない。そのため、フロムは「私は偶像が物であるがゆえにそれを持つことができるが、私がそれに屈服することによって、同時にそれが私を持つことになる」（1977：112–113）と警鐘するのである。こうした状態とは、まさしく人間が疎外されていることになる。つまり、私自身ではなく、私が創り出したものを私だと勘違いし、それを崇拝しているのである。

上記のような持つ様式に対して、フロムは「ある存在様式（being）」を提唱する。具体的には、「持つことは、何かを使えば減るものに基づいているが、あることは実践によって成長する」（1977：154）ことができる。モノは使えば減るし、やがて壊れる。しかし、私たちは自分を使うことで成長し、自分になることができる。さらに快楽と喜びの違いについて、「喜びは瞬間的な忘我の火ではない。喜びはあることに伴う輝きである。」（1977：162）と指摘する。私たちは、自分自身になっていくというプロセスにおいて喜びを体験しているのである。

このように確認していくと、フロムが指摘する「ある存在様式」とは、being と示されているが、同時にbecomingであるともいうことができることがわかる。つまり、「ある」に留まるのではなく、「なる」という存在様式である。ところが、「ある」や「なる」の存在様式においては、確かなものを自分の外側にも持つことも、見ることもできない。そのため、どこまで行っても不安はなくならない。しかし、その不安の中で課題に直面し、決断することで私たちは自身の生を確信することができる。ここに不安は避けられるものとしてだけではなく、人間存在に積極的な意味をもたらすものであり、日常の現実を超えること、すなわちスピリチュアリティ（生の覚醒）を生みだす体験として不安を位置づけることができよう。

2　極限状況における生の覚醒　―不安の二重性

(1)　不安に潰される生

これまで不安が避けられるものとして語られるとき、それは危険の徴候であり、疾患やその症状として扱われることが多かった。代表的な研究として、フロイト（Freud, S.）は制止と症状とを区分し、制止が不安と関係すると示し、さらに「制止は、機能に対して特別の関連を持つもので、必ずしも病理的なものを意味するわけではないが、症状は、ある病的な過程の徴候というほどの意味を持つ」（2010:11）ことになると指摘する。恐怖症や強迫神経症の事例検証を通して、不安は危険状況に対する反応であり、自我はその状況を逃れるための行動をとること。そして、「症状は不安の増長を避けるために作り出されるのだ、とも言えようが、しかしこれでは深い洞察にはならない。症状は、不安の増長によって注意喚起の信号を送られる危険状況を避けるために作り出される」(2010:56)ことになる。

たとえば、幻聴の症状が続く人にとって、幻聴が聞こえることで自身の不安を抑えることができる。幻聴が無くなってしまうと、危険状況を避けるための信号が無くなり、新たな危険信号が表れ、自身の安定を保つことができなくなってしまう。このように、病む人の世界を理解していくとき、症状を取り除くことだけを目指せばよいのではなく、なぜ、その症状が表れているか、あるいは本人にとって必要なのかを洞察することである。さらにフロイトによれば、「不安を一時的に宙づりにしておくことを学んでいる自我はそこから逃れ、次いで症状形成によって不安を縛り付けておこうと試みる」(2010:69)ことになる。このように自分を保つという作業は、裏側にある不安とどうやって同居していったらいいのかという戦いである。そこには、完全な勝利はない。なぜなら、不安は誰にとっても生きている限り無くならないからである。できることは、いかにバランスを取って不安を押さえ付けて置くかであり、不安を病む人はすべての生きる力をそこに注いでいる。

このように疾患の症状として表れる不安は、私たちの生を潰していくのだが、そこから簡単に逃れることができない。反対に、もがけばもがく程、深みにはまっていくといった方がよいだろう。その究極は、自分が無くなるということへの不安であろう。他方で、避けられない不安は自分を生みだすチャンスともなる。そこでは、私たちが何かにしがみ付くのではなく、自由に生きることへチャレンジしている。自分が自由になるとき、不安を避けて通ることができない。以下では、生を深める不安について検討してみよう。

(2)　生きるとは生まれ続けること

私たちは、親から生を授かったときだけが生まれるときなのではなく、絶えず生まれ続けることができる。ただし、誰もができることではなく、あくまで可能性としてである。先に示したような症状として表れる病理としての不安ではなく、フロイトが制止としてとりあげたような不安は誰の生活の中にもあり、その表れ方は一人ひとりによって異なる。そうした不安を単に否定的なこととして排除するのではなく、むしろ積極的に捉えることで私たちの生が深まることが起こる。ただし、一歩踏み出すときは、支えてくれるものがなく一人で行わなければならない。そのため不安になるのだが、どんなに経験を積んでも逃れることはできない。この不安を避けようとするならば、何もしないことである。私たちは同じ時と場に留まっていれば、安定している。しかし、それでは生きていても死んでいると同じになる。生きようとすれば、その度に不安を体験することになり、そこから生まれ続けることが可能になる。

このことに関連して、対人援助専門職を対象としたグループスーパービジョンに参加していた臨床心理士が自身の面接における態度を次のように語ってくれたことが興味深い。

初回、初めてのときはわからないがあたりまえ、したがって専門職としても不安がない。しかし、二回目、三回目となるとそれまでの面接からクライエントのことがわかっており、それらを踏まえた対応が求められ、適切な対応ができているか慎重にならざるを得ない。したがって、二回目、三回目の時の方が難しく感じる。このグループ研修も二回目を迎えており、不安だった。そんなとき心がけているのは、片足を前回にわかったことに突っ込んでおいて、今の面接を行っているということだった。

一回性において問われるのは、何回目であろうが、〈今・ここで〉の一回を自由に自分らしく生きられるかである。用心のために片足を過去に突っ込むのとは反対に、フロムが指摘するように「安全のために内側に支えにしている杖を外して内から外へ出て行く」（1986:150）ことをすることである。そうすると、単独で自分自身が相手と向き合い、相手のところへ行くことができる。この一回性に懸けられることが、相手を、そして自分を大切にすることになる。この何ものにも頼らないという決断が、相手を、そして自分を大切にすることになるのだが、その動きを行うときにまさしく不安の中にいる。

彼女が気にしているのは、回数を積み重ねていくと、それまでにわかったことがあり、それを基に対応ができているかということである。わかっていることを利用したいと思い過去を振り返るときに不安も感じているので、確かなものにするために片足を過去に突っ込んでいる。したがって、関心は〈今・ここで〉でよりも過去の実績をどのように使うかにあるのだが、不安を感じながらも過去の体験に自分の行動の安全の保証を求めている。

現在のことに不安で、自分の対応がもたらすクライエントとの関係の未来について、過去に頼ることで自分を支えようとしていることがわかろう。こうした態度とは、時間軸の中で物事を考えていることの表れである。反対に、「現在とは瞬間であり、永遠的なものである」（1966：288）とキルケゴールが指摘するように、時間軸では測れないものである。そして、瞬間が過去や未来を持たない現在のことであり、「この点こそ（私たちの）感性的な生の不完全さがある（括弧内佐藤）」（1966：288）ことになる。そして、「永遠とは、やはり過去や未来を持たないのだが、それが永遠的なものの完全さ」（1966：290）なのである。したがって瞬間を生きることで不安が生まれるのだが、同時に動物にはない精神が始まることになる。そして、精神として成長するためには、私たちは、常に生をゆるがす不安とともに生きることになるのである。

(3)　生の覚醒

これまで不安を疾患や症状とみなすものと、生を生みだすものとしての二つの側面を示してきた。こうした二重性とは、一般論として語るだけではなく、一人ひとりの生きる中に表れる。ある人が不安によって病むことになることもあるだろうし、不安と向き合うことで生を覚醒することも起こる。どちらになるかは、私たちの生きる態度によって変わってくる。そして、一生の間で問われ続けることになる。

私が私自身になることを、「実存開明」(3)という方法で問いかけたのが実存哲学者ヤスパース（Jaspers, K.）である。具体的には、実存は対象として捉えることができないこと、同時にいわゆる客観的な理解ができないという特徴がある。なぜなら、「私はもはや合理的に洞察されない飛躍を通して、対象的に知られうるものの限界を超え出ようとする」からである。そして、この飛躍こそ、実存開明の始まりであり、「実存は哲学することの目標ではなく、むしろ哲学することの根源なのである」(1964:8) と主張する。

では、その飛躍とは実際にはどのような状況から生まれるのであろうか。それを可能にするのが「限界状況」であり、「われわれが衝きあたり挫折する壁のごときもの」(1964:233) としている。具体的には、「死・苦悩・闘争」を取り上げている。これらのことを克服することに意義があるのではなく、「全然別の能動性、すなわちわれわれの内なる可能的実存の生成、によるのである。つまり眼を見開いて限界状況へ踏入ることによって、われわれは、われわれ自身となる」(1964:233) のだと断言する。ヤスパースの言う限界状況とは、本書の中で示してきた生きることの否定的な条件を表している。さらにより身近に感じられる「孤独・不安・別れ」などをあげることができよう。これらの体験は、人間的体験であるのだが、そのもつ性格がゆえに科学的に理解して取り組もうとすれば、避けられ、取り除く対象とされてしまう。また、そうした状況にある人たちに科学的にアプローチすることの限界がわかる。反対に、スピリチュアリティを求める私たちにとっては、実存開明のチャンスであり、人間の可能性を生みだすための機会なのである。

以上のことは、効用性や一般化を求める科学的価値とは相容れない面を示していることがわかろう。個別価値にかかわるテーマなのである。(4) 今日の生の課題を見ていくと、これまでの科学的価値に基づいた問題解決型のアプローチや目標達成型の行動では取り組めないことが噴出している。生きる意味を見出せない中での自死、さらに病気や障がいによって社会から不必要と烙印を押される人たちがいる。こうした人たちは、皮肉なことに先に示した人間的体験が置かれている状況がゆえに身近にある。したがって、実存開明の機会があり、生を覚醒させることが可能なのである。人が自分になるということは、簡単なことではないが、誰もが可能性としては有している。それを切り開いてくれるのが否定的条件である人間的体験をいかに生きるかにかかわっている。また、そのことが誰もが有するスピリチュアリティを目覚めさせることになる。

反対に、今の社会にしがみつき、組織から被せられた責任に対して従順に行動している人たちには、縁遠い話であろう。安全、安心だけを求める人たちには、避けたい否定的条件であるが、そうした生きる態度からは、ただ生きていることが永遠と続くだけとなる。

3　暗黒の世界へ落ちるという不安

(1)　自由への不安

個人や社会が成長していく過程とは、自分の拠り所としていたものから離れ、自分が一人で判断し、行動できるようになることである。こどもは生まれることによって母親から離れ一人の生物学的存在になるが、その後も母親と強い絆によって一体となっている。フロムは、個人が完全に開放される以前の絆を「第一次的絆」(1966:34-35) と呼んでいる。個々の成長の過程とは、この第一次的な絆を断ち切ることから始まる。個性化と自我の成長が進むと同時に、安定した絆が無くなったことにより孤独や不安が増すことになる。このとき、孤独や不安に対してどのような態度をとるのか、人によって異なる。ある人たちは自分が一人になること、束縛から解放されて自由になることを止め、かつての第一次的な絆を求めて外界に服従する。自分を支えてくれるものを盲目的に求めることで、退行現象が起こるわけである。そうした結果、「生が終わらぬうちに生を否定する病気を患う人びとの、見かけだけの合理化」(1965:147）を生みだすことになる。

他方で新たなかたちで不安や孤独に向き合える人たちがいる。彼女たちは、他者や社会との関係を「愛と生産的構え[5]」によって生きようとする。すなわち、開放された自由（〜からの自由）に脅え、その中での不安に押しつぶされるのではなく、積極的に自由を生きること（〜への自由）になる。そこでは、私と他者は異なり一体化されることはないが、お互いを信頼し、尊敬することができる。すでに指摘したように、私たちは絶えず生まれ続けることができることになるのである。

このように検討することで、「人間の本性の問題に関しては、人間の本質とか本性とかは善とか悪のように特定の《実体》(substance) ではなくて、人間存在の条件そのものに根ざす《矛盾》(contradiction) であるという結論に達する」（1965:161）とフロムは指摘する。したがって、生きるとは、この矛盾をいかに生きるかにかかっていることになる。先に示した二つの方向性があるのだが、第一次的絆への逆戻りは、ナルシシズムに基づく他者との共棲的関係をもたらす。それが自分を完成するために、他人を必要とする態度になる。「サディストは他人を自分の延長とする。マゾヒストは自分を他人の延長とする」(2001:467）のである。このようにナルシシズム的人間は、他人を自分のために使うことで不安から逃れようとする。こうして自他をモノ化していくことは、生きるものを死ぬものへと変えていくことになる。フロムは、そうした生きる態度をネクロフィリアと呼び、悪の攻撃性であり、最終的には破壊すること、死を望むことになると指摘する。

このように矛盾を避け、悩まずに生きようとすることが、まさしく今日の課題になっている。自由は私たち一人ひとりを個性的に生きることを可能としてくれるが、同時に不安がつきまとい、どのように生きるかと決断を迫ってくる。そのため、「私が何を欲してよいか知らないならば、私は涯しない可能性の前に立って途方にくれ、自らを無と感じ、自由のうちでの不安の代りに、自由に対する不安を抱く。」（ヤスパース＝1964:213）ことになる。フロムが「自由からの逃走」と呼んだ生きる態度が、いつの間にか今日の社会に充満しており、そのことに多くの人が気づいていないことが恐ろしい。

(2)　誰も責任をとらない社会

社会が病んでいれば、その社会に従順に生きることは、体制の中に自分の居場所を見出せていると思いながら、実は自分自身が病んでいることに気づけない。なぜなら、不健康な社会と自分が一体化しているからだ。一方で不安などの人間的体験は、一人ひとりが目覚めることを可能にすると指摘した。

フロムは一連の著作(6)において、十九世紀を表す生きる態度を「搾取的構え、貯蓄的構え」としている。資本主義の発展の中で、同様に、二十世紀を「市場的構え」と位置づけている。資本主義の発展の過程において、人は自分の欲しいものを相手から奪い取り、多くの富を蓄えることをしてきた。さらに、市場での交換価値が大きな役割を果たし、自分の仕事に見合うお金を求め、市場価値によって人間の評価がなされることになった。もちろん、そうしたものは二十一世紀になっても残存している。しかし、今世紀になって社会に顕著にみられる態度が、誰も責任をとらないという生き方である。多くの人は、組織が決めたこと、上司から指示されたことをただ行うだけである。したがって、あるのは、社会や組織から被せられた責任に過ぎない。そして、その責任を果たすことで責任ある行動をしていると勘違いしている。そこでは、決めたのは私ではなく、組織や上司である。したがって、失敗したり、間違えても、私には責任がない。自分が応えるという責任は、当然取らない。また、このような場合に、組織や上司が責任をとろうとしないのも明白である。

筆者は、前記の社会状況を踏まえて、二十一世紀を「責任から逃避する構え」―社会や組織に服従する態度と呼びたい。従順な態度の人たちは、「自分が服従を強いられていると感じておらず、合理的な権威に従っているという幻想を抱く」（フロム＝1983:51）ことになる。というのは、自分で見て、感じて、判断することは、ただ服従するのではなく、自分のしたいことをハッキリさせ、求めることになる。どこから、誰から出された提案や考えであっても、疑問を感じたときに表明できることである。それは、「何かに反する方向の態度ではなく、何かを求める方向の態度である」ということができよう。フロムが指摘するように、「半ば眠っているゆえに滅びる危険にある人々の目を開かせる責任を、進んで引き受けること」（1983:52）である。

怖いのは、社会や組織に従うこと―権威に服従することで、自分を守り、自分や組織を大事にしていると勘違いすることである。こうした態度は、「できている、している」と思い込むことで、無関心を生みだす。たとえば、組織の達成目標が優先することで、あるタイプの職員が求められることになり、その方針に基づいて教育や研修が計画され、実施される。当然のことだが、その方針に適う職員が評価され、一定の基準を満たしているとみなされる。こうやって、ある規格化された職員ばかりなっていくと、すでに本書で指摘してきたように、枠にはまらないで個性的に考え、自由な発想をする職員が育たないことになる。皮肉なことに、教育を充実させようとして陥る点である。ここにも、一人ひとりが自分を開発することと組織が提供できることとの矛盾がある。組織を発展させ、安定させようとすること、個人が同様に安定して仕事をできるようになること、一見すると、とても合理的なことに見える。しかし、こうやって不安を取り除くことができると思い込むことが、実は人間の開発を拒み、組織の発展を止めることになるのである。

(3)　暗黒の世界への誘惑

歪んだ社会に忠実に生きることで恐ろしい方向に導くことが起こる。フロムは、それが「悪」についてであり、人間だけが有する「破壊性」を生みだすと警告する。注意しなければならないのは、生まれた時から私たちが悪や破壊性を有しているのではなく、社会によって作られるということである。したがって、私たちは社会的存在であることを改めて確認する必要がある。社会的環境は人間の発達に大きな影響を及ぼすが、人間を作るのは、あるいは人間になるのは、一人ひとりが自分自身を創造するからである。当然のことだが、個として育ってく過程の中で、他者や社会と出会い、自分を知っていく。本章のなかで確認してきたことは、人間が元々、「善か悪か、愛か憎悪でもなく、矛盾することを生きる」（フロム＝1965：162）のだが、予め決まっていないことは、常に私たちを不安にさせる。私たちは、生きている限り、常にどのように生きるかを選択し、決断しなければならない。そのため、暗黒の世界へ落ちるという誘惑に付きまとわれている。したがって、不安や孤独に潰されてしまう人たちは、自分を維持し、守ることを優先する。他者や社会は、そのための手段であり、無関心となり、モノとして扱うことに疑問を感じないことになる。

　その一つの例が、津久井やまゆり園での殺傷事件の植松聖被告に対する見方である。事件が報道された後に、彼の行動は「優生思想」に基づくものであるという風潮が作りだされたが、果たしてそうだろうか。もちろん、優生思想そのものを正しく理解する必要はあるが、多くの場合に劣っている遺伝子を排除すること、そこから「劣った人間は生きる価値がない」と捉えられている。ところが、ここで注意して検討したいことがある。たとえば、「コミュニケーションがとれない」「意思疎通ができない」「奇妙なふるまいをする」人たちに対して、多くの人が怖い、あるいは関わりたくない、傍にいて欲しくないと感じたことがあるだろう。相手が誰であろうと先入観なしにフラットに出会えればいいのだが、私たち凡人にはできない。自分も植松被告と同じものを抱えているとわかると、不安になる。したがって、こんな危険な思想を持っている人間が存在するのだということが社会にショックを与えたのではなく、誰もがその可能性を有していることが不安にさせているのである。

被告が「優生思想を持っている」で済ませる人は、自分とは無関係な異常な人が持つ考えだとしている。これこそ、本章で示した「持つ存在様式」に自身が染まっていることに気づいていない表れである。そうした意味において「障害者は生きていても意味がない」という植松被告の発言を捉えて、優生思想という烙印を押し自分とは異なることを強調するのである。

暗黒の世界は誰にもあり、暗闇のなかで迷うことはいつ起こっても不思議ではない。そのため私たちは不安になり、安易に安心を求めてしまう。しかし、精神の健康とは、この不安とともに生きることである。そのため大切なことは、私たちは永遠に未完であることを確信することである。未完であることは、不安をもたらす。しかし、不安の中で、緊張した関係で行動することで〈今〉を大切にできる。人生が未完結ということが、私たちの〈今〉の生きざまを問いかけているのだ。

〔注〕

(1)　キルケゴールは、不安はひとつの共感的反応であり、またひとつの反共感的反応であるとし、不安をおそれつつもなおそれを愛し、その不安のなかに溺れたのだ、と指摘する。
S. Kierkegaard (1844) BEGREBET ANGEST, København (=1966 田淵義三郎訳『不安の概念』中央公論社 239-240)

(2)　下記の論文の「不安についての補足」において、不安は期待と見逃しえぬ関係にあり、不安には不確定性と没対象性という特徴が付き随う、と示されている。
S. Freud (1926) Hemmung, Symptom, und Angst, GESAMMELTE WERKE Volume 1-17 NACHTRAGSBAND ZUR AUFFASSUNG DER APHASIEN, 1972 (=2010 加藤敏他訳「制止、症状、不安」『フロイト全集19 1925-28』岩波書店 198)

（3）　ヤスパースの主著である三巻構成の『哲学』第二巻のタイトルでもある「実存開明」とは、一人ひとりが自己喪失から抜け出て、自己の本来性へと立ち返り、そのつど一回限りの状況の中で、真の自己自身として生きることを目覚めさせる実存への呼びかけである。

中山剛史「ヤスパース『哲学』を読む—〈呼びかけ〉に耳を傾けること」Jaspers, K.（1932）Philosophie（=2011 小倉志祥・林田新二・渡辺二郎訳『哲学』中央公論新社 9-10）

（4）　効用価値と個別価値の詳しい内容については、下記の文献を参照されたい。

Macmurray, J.（1946）The Structure of Religious Expeience, Yale University Press, New Haven Connecticut（=1965 谷口隆之助訳『人間関係の構造と宗教』誠信書房）

（5）　生産的構えとは、第一次的な絆から解放された人間が、自由がもたらす孤独と不安の中で健康に生きるための基本的な態度を指している。それはあらゆる領域の人間的体験に見られる、関係のしかたのことである。また、愛とは、責任と注意と尊敬と知識の意味を含んでおり、他の人間を成長させ発展させたいという希望を含んでいる。

E. Fromm（1947）MAN FOR HIMSELF, Holt Rinehart and Winston（=1972 改訳　谷口隆之助・早坂泰次郎訳『人間における自由』東京創元社 109, 137）

（6）　こうした生きる態度を先に示した生産的な構えとは反対のものとして、フロムは、パーソナリティの非生産的構えとして位置づけている。詳しくは、『自由からの逃走』『人間における自由』『正気の社会』などを参照されたい。

〔文献等〕

Freud, S.（1926）Hemmung, Symptom, und Angst, Gesammete Werke Volume 1-17 Nachtragsband zur Auffassungder Aphasien, 1972（=2010 加藤敏他訳「制止、症状、不安」『フロイト全集19 1925-28』岩波書店）
谷口隆之助（1975）「不安―実存体験としての不安」早坂泰次郎他編『職場青年の心理学―青年よ不安をいだけ』有斐閣
Fromm, E.（1941）Escape From Freedom, Holt Rinehart and Winston New York（=1966 新版 日高六郎訳『自由からの逃走』東京創元社）
――（1947）Man For Himself, Holt Rinehart and Winston（=1972 改訳 谷口隆之助・早坂泰次郎訳『人間における自由』東京創元社）
――（1956）The Sane Society, Holt Rinehart & Company, New York（=1958 加藤正明・佐瀬隆夫訳『正気の社会』社会思想社）
――（1964）The Heart of Man: Its Genius for Good and Evil, Harper & Row（=1965 鈴木重吉訳『悪について』紀伊国屋書店）
――（1976）TO HAVE OR TO BE, Ruth Nanda Anshen（=1977 佐野哲郎訳『生きるということ』紀伊国屋書店）
――（1973）The Anatomy of Human Destructiveness, Holt Rinehart and Winston（=2001 復刻版 作田啓一・佐野哲郎訳『破壊―人間性の解剖』紀伊国屋書店）
――（1981, 82）On Disobedience and Other Essays, Liepman AG Literary Agency, Zürich（=1983 佐野哲郎訳『反抗と自由』紀伊国屋書店）
――（1983）Über die zum Leben, Deutsche Verlags-Anstalt（=1986 佐野哲郎・佐野五郎訳『人生と愛』紀伊国屋書店）

S.Kierkegaard (1844) Begrebet Angest, København (=1966 田淵義三郎訳『不安の概念』中央公論社)

Jaspers,K. (1932) Philosophie II ―Existenzerhellung, Springer (=1964 草薙正夫・信太正三訳『実存開明［哲学II］』創文社)

Rollo May (1950) The Meaning of Anxiety, The Ronald Press Company New York (=1963 小野泰博訳『不安の人間学』) 誠信書房)

佐藤俊一 (2016)「個々の不完全さから生まれる可能性―生を覚醒する現象学試論」淑徳大学創立50周年記念論集刊行委員会編『共生社会の創出をめざして』学文社

第10章 別れ
―お互いの生を確かなものにする

出会いは、私たちにとって楽しみであり、同時に不安でもある。四月に大学に入学したある女子学生の例から考えてみよう。彼女は、それまでの人間関係から離れて新たな出発をしようと決めていた。というのは、高校時代に部活の仲間との間で、ちょっとした行き違いから仲間外れにされた体験があったからだ。ひどく落ち込んで、一人でどうしたらいいか悩むことが続いた。本当は、自分の気持ちを相手に伝えて、お互いに理解できるようになればよかったのだが、気持ちを伝える勇気がなくて離れ離れになってしまった。こうしたことを繰り返したくないと思っていた。

この学生だけでなく、他の新入生も事情は異なれ、入学した大学において生涯の友となる人との出会いを望んでいる人がいるだろう。ここで少し立ち止まってみよう。出会うという新しい出来事を体験するためには、本人が自覚している、していないにかかわらず、学生たちは今までの関係や自分自身と別れることになる。正確に表現すれば、新たな友と出会うことで、高校時代の私と別れるのである。当然のことだが、これまでの自分に頼らないことで不安になるが、別れの中でしか新たな出会いは生まれない。

他方で、多くの人たちは別れを望まない。なぜなら、別れは終わりでもあるからだ。自分にとって大切な人との関係が終わりを迎えないように気をつけて、嫌われないように、壊れないようにする。このように事前に準備することで別れを避けようとする。しかし、相手が誰であっても、別れは必ず訪れる。その時、別れをどのように受けとめるかで、お互いの関係がハッキリする瞬間になる。したがって、別れは私たちが生きていく上で、貴重な人間的体験である。

もう一つ着目したいのが、別れという体験は日本の独自な文化を表している面があり、西欧人の感覚とは異なるという点である。対象が人であれ、モノであっても、私たち日本人にとっては、関係から親しい人が去っていく、モノが無くなると、モノと関係における私が無くなる受けとめ方をする。あるいは、自分だけが関係の中に取り残されるという感覚である。いずれにしろ、別れが関係から始まっている。その背景には、出会いがどのように起こるかというテーマがある。個を出発点に置く欧米の文化における捉え方とは異なるものである[1]。本章においては、両者のちがいを明確化し、別れがあることで私たちの生が確かなものになるということを論証していきたい。

1　別れを出会いとの関係から基礎づける

(1)　再び出会う

出会うということを聞くと、多くの人は初対面の場面をイメージするだろう。初めて会う相手がには、どんな人か想像し、楽しみと不安を抱く。ところが、私たちの生活を見ていくと、実際には同じ相手に会っていることが日常である。また、久しぶりの同窓会で昔の友に会って、何も変わってないと感じたり、反対にそれまで気づかなかった面に触れて改めて出会うこともある。後者だけでなく、前者の頻繁に会ってあっている人でも、再会することになるのだが、その機会が出会いと別れの関係を検討するのにわかりやすい。具体的な例から検討してみよう。

地域活動支援センターに勤務するソーシャルワーカーのEさん（男性）は、介入されることに拒否的な態度をとる相手を苦手としていた。今回悩んだのはクライエント本人ではなく、熱心に娘の世話をする彼女の母親であった。家庭で十分に面倒を見ていると母親は言うのだが、クライエントが通っている生活介護事業者からは本当に大丈夫なのかと不安の声が上がっていた。しかし、家庭を訪問して母親と話すと、「自分の子どものことは自分たちで面倒みる」と言われ、その拒否的な態度にかかわりにくさを感じていた。また、将来のことを考えると、親が亡くなった後のクライエントのことが心配だった。

そうした中で、相手のことや生活を知りたいという思いから、特に用事が無くても訪ねるようにしていた。ある日、母親は自身の悩み事があったのか、いつもより弱気な態度が見られ、短期入所や施設入所について聞いてきた。また、「親が大変な思いをして自分の子どもの面倒をみているのに、施設ではたくさんの人の世話をするのだろう。それはもっと大変なことで、できないから虐待事件が起こるのではないか。」と話された。それを聴いて、Eさんは、この時初めて子どものことを心配する母親の気持ちを感じた。気がつくと、「大切な娘さんだから心配ですよね」と声をかけていた。

今まで冷たいと思っていた母親に対して、Eさんは温かみを感じるようになった。彼にとってみると、母親との距離が縮まり、関係が動いたわけである。つまり、固定していたかかわりにくさの地点に止まるのではなく、母親の気持ちが動き、それに彼が応じたことで新たな出会いが生まれたのである。不思議なことに援助者の働きかけから起こったことではなかった。他方で、Eさんが苦手な人だと思いながらも逃げないで訪問していたことがあったからである。したがって、再び出会えたことは、両者のかかわりから可能になったのである。

ここで少し整理してみよう。これまで母親とEさんは出会っているのだが、その関係は居心地が悪いものだった。しかし、このようにお互いの存在を大切にできるように再び出会うことができるし、また今後も新たな関係が生まれる出会いの可能性に開かれている。併せて、再び出会うとは、以前の関係から動いていることである。

(2)　時間軸という発想への問い

別れを研究するにあたって、最初に出会いを示した。しかも初対面の出会いではなく、再会というテーマをとりあげた。例でもみたようにソーシャルワーカーのEさんとクライエントの母親は再び出会っているのだが、そこには以前の関係があり、両者が以前の関係に別れを告げていることがわかる。以前の関係から別れなければ、新たな出会いは生まれない。同時にEさんは介入に拒否的な態度をとる人を苦手としているのだが、かかわり続けることで母親との関係が動き自分へ自由になっている。やはり、それまでの自分へ別れることができたのである。

出会うというイメージは、新しく得たり、広がるというものがあるが、実は別れたり、捨てることによって可能となっている。つまり、出会うためには、それまでの関係や自分と別れることが前提となっているのである。

出会いには別れが必然的に伴うことを確認した。さらにそのことは、一般的な時計時間[2]で考える両者の関係に疑問を呈することになる。多くの人は、時間軸として出会いが先にあり、その後に別れがあるという発想をする。ところが、両者が同時に起こることをすでに指摘した。さらに厳密にみていくと、出会うためには、別れることが先に必要だということがわかる。前のままの関係でいれば、新たに出会うことはできない。

出会うときには、その直前の瞬間に別れているのであるが、当然のことだが当事者は気づくことができない。先の事例においても、そうだった。母親は冷たい人から温かい人に変わったのだが、冷たい人という受けとめ方に別れをつげないと、温かい人にはならない。意図的に変えたのではなく、気づいたら変わっていたのである。したがって、Eさんに以前の関係と別れたという自覚はないことがわかろう。

この時計軸での順番と逆転することが、別れの体験を神秘的なものにする。思いもよらない別れがあり、出会いも生まれる。自分の意志を超えたところで起こっているのである。私たちは別れの体験によって喪失や悲しみを味わっているのであり、紛れもなく私たちの生きる世界におけるかかわりを示しているのである。したがって、他者や自分と出会うことで私たちは自分になることができるのだが、同時に別れることで自分らしさを生みだすことができるのである。別れがスピリチュアルな体験だと理解することができよう。

このように考えると、別れの研究が、出会いとの関係を抜きにできないことが明らかになる。そのため、次に出会いに対して私たちが日常とっている自然的態度(3)を明らかにしてみたい。出会いをどのように受けとめ、考えているのか。そのことが別れに対する態度に大きくかかわるからである。また、このようなアプローチにおいて、私たちは出会いや別れといった人間的体験において、他者や自分自身を大切にできているかが問われることになる。

2　関係から始まる別れ　―喪失とのちがい

(1)　文化による出会いのちがい

冒頭の女子学生の例だけでなく、私たち日本人にとって出会いとは、始まり、楽しみ、期待などプラスのイメージが強い。また、日常の生活においても出会いということは身近にあって、多くの人が体験してきていることだと理解されているだろう。それだけでなく、興味深いのは「邂逅(4)」ということばに示されているように、私たちは、偶然にめぐり会うといったことを大切にしたり、無意識に求めている姿がある。それに対して、別れにプラスのイメージを持つ人は少ない。「出会いは別れの始まり」「生まれた時から死に向かって生きている」ということは頭では知っていても、終わり、辛い、避けたいというマイナスのとらえ方になってしまう。そして、求めていないにもかかわらず、別れが突然に訪れて耐え難いものになる。

上記のような出会いや別れに対するイメージとは、一つには人間の理解についての表れのちがいとして捉えることができよう。ことばを例に考えてみよう。私たちは日本語を母語(5)として使うが、主語を明示せずに、または時と場合によって主語を変えることによって、相手（部下と上司、友達、家族など）との関係に気遣い、関係を維持する態度をとる。個々ではなく、状況を重視した態度をとっている。そうしたことから、出会うとは関係を新たに作るということであるのに、あたかもすでに関係がある、あるいはすぐに作らなければならない、作れるものという発想になる。そして、老若男女にかかわらず、私たち日本人は、よい人間関係を求めている。

関係を起点とした人間の理解は、私たち日本人が人間を理解するときの基本となっている。また、関係が成立するためには、お互いの共通することと、ちがうことが必要になる。なぜなら、二人が全く同じならば同一ということで一つのものになり、ちがうだけなら無関係になる。先のよい人間関係、波風を立てない〈つながり〉を重視した態度だと言うことができよう。つまり、個より関係を優先するのだが、その実態とは〈つながり〉に着目することで、両者の間にあたかも〈ちがい〉がない、一つのものかのような関係を求めることが自然的態度になっているのである（図10-1）。そのため、日本人にとって出会いとは難しいことではなく、機会さえあればいつでも可能だと多くの人は考えている。

同様のことを、精神科医の小林司は、「日本語の『出会い』に使われる『あう』という字は、合、会、逢、遭、遇、いずれも『あう』と読め、この『あう』は、モノとモノ、コトとコト、人と人が一、つ、に、な、って、

〈出会いにおける関係〉

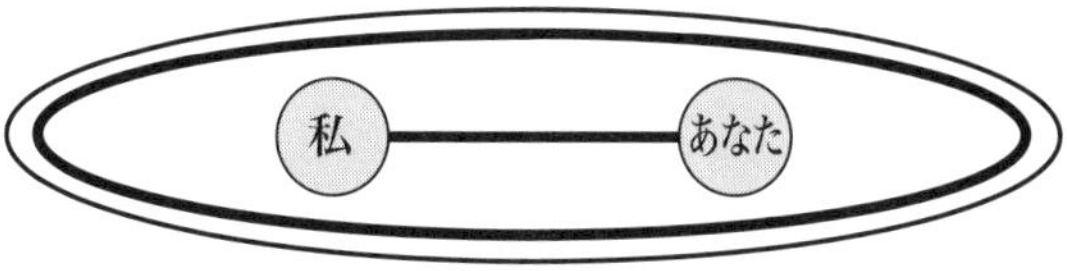

図 10–1　（日本的な出会い）親和

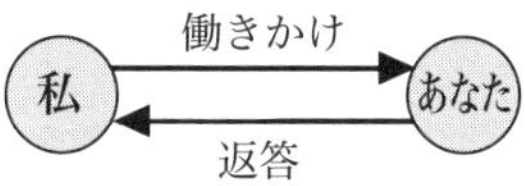

図 10–2　（欧米的な出会い）対抗

物理的にも距離がなくなるという意味である（傍点筆者）」（小林＝1983:47）と指摘する。それに対して個を出発点とする欧米においては、出会いを表す英語の encounter や仏語の rencontre の場合には、「反対に、対抗してなど二者の間に強い緊張―対立が存在し、（日本語の）出会いの場合にはむしろ親和―充足が存在するといってもよい（カッコ内筆者）」（早坂＝1991:129–131）と現象学的人間学を探究した早坂泰次郎は指摘する。さらに小林は、仏語の出会いとは、「二人の人間が対面しているのであって、一つになるとか合うという意味が薄い」こと、日本人の感覚のように「二人がいっしょになってしまうことはない」（小林＝1983:47）と示している。つまり一つになることではないのである（図10－2）。そして、私が働きかけることで、相手からの返答があり、出会いは始まるのである。

　こうした出会いに対する文化的なちがいが、別れにおいても大きく関係している。なぜなら、ここまで示してきたように出会いと別れとは切っても切れない関係にあり、別

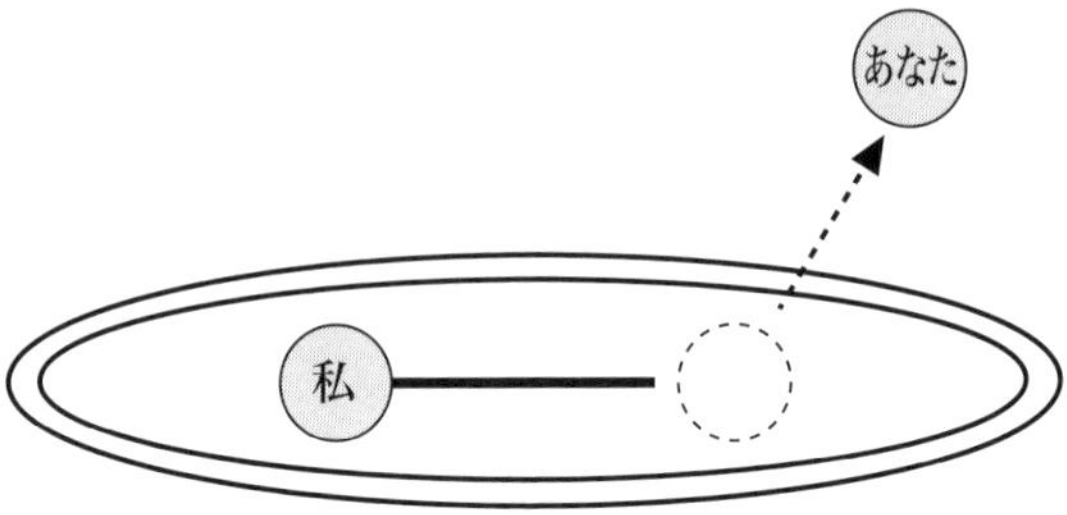

図 10–3　日本人の別れの感覚

れることによって新たな出会いが起こるからである。

(2)　日本人にとっての別れ—関係に取り残される

日本的な出会いと欧米的な出会いを両者の自然的な態度に焦点を当て示してきた。当然のことだが、こうした出会いにおける関係を前提にして、別れが捉えられることになる。

まず、日本的な出会いから別れを検討してみよう。究極的な別れである親しい相手との死別においては、これまで二重線の中で親密な関係にいた「あなた」がいなくなってしまう。「私」は二重線の中の関係に留まり、別れを受けとめることになる。しかし、「あなた」が不在になってしまうことは埋めることができず、私は一人ぼっちで取り残されることになる。今まで満たされていたものが、欠けてしまっている状態になるのだが、相手の存在が大きいほど、また大切な人であればあるほど、ぽっかり空いた穴が大きく感じる（図10－3）。

これまで筆者もそうしたことを体験したり、目撃したりしてきた。たとえば、告別式のお別れの挨拶の時のことだ。ある人は、自分にとって師にあたるような人が亡くなったときに、「まだ先生から学びたかった、予定していた研修の時に予約したホテルの部屋は、まだそのままになっていますよ」と涙ながらに弔辞を述べた。そうした発言は、一見すると亡くなった相手がとても大切で別れられないと言っているように聞こえる。しかし、その底にある気持ちは、今までの関係の中に相手がいなくなり、寂しくて仕方がないと明言していることになる。つまり、別れられないのである。そして、私が耐えられないのである。

別れにおいて、それまでの関係がハッキリする。お互いを大切にできていれば、別れは悲しいが、スッキリと別れることができる。反対に、何か引っかかっているものがあると、別れることに抵抗が生まれる。つまり、先に示したお互いがどのように出会っているかが、問われているのである。最終的に、別れることでわかるのだが、関係を真正面から見たくないという気持ちが強いと、余計に別れを避けたいと思うのである。

では、どうしたらいいのだろうか。相手がいなくなったのだから、私も関係の外に出ればいい。しかし、それは冷たい態度のように思ってしまうのである。あるいは不義理と日本的な感覚で受け取ってしまうのかもしれない。しかし、亡くなった人から見れば、「私との関係を大切にしたいならば、むしろ私のことは忘れて、あなたが出会う人を大切にして欲しい」と思っているだろう。それをできることが、故人との関係を大切にすることになるのである。

(3)　欧米人にとっての別れ—対象の喪失

個を出発点とする文化においては、出会いとは、私が他者に働きかけることによって起こることである。したがって、自分とは異なる対象に接する態度だということが基本になることを確認してきた。先に示した早坂の言う、二者の間に強い緊張—対立が存在するということは、まさしく両者が対象として留まっていることを表している。したがって、日本的な出会いにおけるつながり、あるいは関係の中にあって一つになることとは異なる。

では、別れについてはどうだろうか。ここでは死とその過程について探究したキューブラ・ロス（Kübler–Ross,E.）と弟子のデーヴィッド・ケスラー（David Kessler）による労作 On Grief & Grieving（邦訳『永遠の別れ』）を参考にしながら考えてみたい。この著作においては、すでに広く知られている死にゆく人の心の五段階（否認・怒り・取引・抑うつ・受容）ではなく、近親者が愛する人の死（悲嘆）に対して同じような心の段階を辿ることを示されている。したがって、残された者からアプローチすることが、別れを研究するに役立つと考えたわけである。

最初の段階である「否認」において、次のように述べられている。「悲嘆のプロセスにおける否認という感情は重要なものである。それは意識的・無意識的精神生活によって作られた防衛メカニズムである。もし喪失（loss）にまつわる感情がすべて一度に襲ってきたら、それに圧倒されてしまい、とても耐えきれるものではない」（Kübler–Ross/Kessler, D. =2007:33）と喪失を抱えながら生きる人の大変さを的確に指摘している。ここで示されているように、悲嘆のプロセスの中に出てくることの基本にあるのは、対象の喪失である（図10－4）。当然のこ

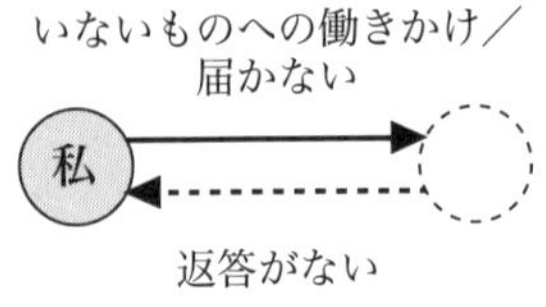

図 10–4　欧米人の別れの感覚

とだが、対象はいないので、こちらからの働きかけは届かないし、相手からの返答はない。この返答が無いということが受け入れられなのである。

さらに悲しみの内側と外側から、〈喪失〉についてさまざまな体験が記述されている。その後に特殊な喪失の体験として、子ども、災害、自殺、急死などが示されている。結びの「悲嘆という贈り物」というところで、「人は永久に悲しみ続ける。それが現実である。愛する人の喪失に打ち勝つのではない。喪失とともに生きることを学ぶのだ」(Kübler-Ross/Kessler, D. =2007:379) と強調されている。また、その喪失による恐れや絶望に悲嘆が大きな役割を果たすことになる。つまり、悲嘆することで人生を最後まで完成させることができると著者たちは言うのである。この悲嘆の中から逃げるのではなく、その中で生きることを学ぶということは、文化のちがいがあっても共通して正しく理解される必要がある。

このロスとケスラーの著作が示していることは、私たちに日本人にとっても死別をどのように受けとめ生きたらいいのかについて多くの示唆を与えてくれている。他方で、対象を喪失するという観点を強調する視点には異なる感覚を抱くことになる。そこには、ある個人が、この場合には残された者が主体となり、亡くなられた人を対象として捉え、対象が不在となったことを悲しむのである。出会いにおいてお互いが対象であったことから、別れにおいても、やはり対象でのままであり、対象を失うことになるのだろう。したがって、別れという表現はほとんど見出されず、〈喪失〉ということばがキイワードになっている。

3　スピリチュアリティを目覚めさせる別れ

(1)　お互いの動きとしての別れ

日本人の別れと欧米人における喪失のちがいについて概観した。特徴的なことは、〈別れ〉によって私が関係に取り残されることで、関係が成り立たなくなる、あるいは壊れるということにある。つまり、そこで問われているのは、私だけでなく、関係である。それに対して、〈喪失〉とは、私との関係にあったもの、あるいは持っている対象がなくなってしまうという体験である。ポイントは、対象を喪失することで私が悲嘆し、私がかけがえのない存在を失ったことをどのように受け入れるかが問われていることである。

まず、欧米人の感覚における自分が主体となって対象との関係を作るということを検証してみよう。彼らが、他者やものを対象として捉えるとき、〈名詞〉のかたちになるし、ならざるを得ない。喪失（loss）の対象とは妻、夫、親、子、友人であり、裏返せば、それまで対象として持っている（have）という感覚を示していると言える。このように指摘すれば、多くの人は違和感を覚えるだろう。私は「大切な人を持っている、所有している」のではなく、ともに生きている（being）のである。ところが、フロム(Fromm, E.)は、持つ態度を問いかける中で、「過去二、三世紀のうちに西洋の諸言語における名詞の使用が多くなり、動詞の使用が少なくなった」こと。そのことに関連づけて、「過程や能動性は所有されるものではなく、ただ経験されうるのみだからである。」（1977:40）と指摘する。また、早坂は言語学者池上嘉彦や柳父章を引用しながら、「英語において頭痛がするは、I have a headache と表現されるが、日本語では決してこのように言わない」（1991:147–148）として、名詞を中心に置かれることで、have という動詞が必要になると示している。そうしたことは、喪失としての別れの体験が、あくまでも残された私が失った対象に対して一人で行うものという理解につながる。しかし、ロスたちもそのプロセスで示しているように、残された者が揺さぶられ、亡くなった相手との関係も動いていることが起こる。そこには、日本人があたりまえに抱く〈別れ〉をどのようにするかということがやはり問われているのであろう。

　前記のような特徴は、別れの体験が相手との共同から生まれる動きを表していると気づかせてくれる。フロムが指摘するように能動性や過程を示すのは動詞であり、別れを体験する中での個々の動きとなって表れる。動きだからこそ、それまで見えなかったことが表れる。別れをやむを得ないことと受けとめることもあるだろうし、主体的に体験することもできる。そうした動きを、お互いがどのように受けとめるかだ。別れは単に終わりではなく、それまでの両者の関係をハッキリさせ、問いかける機会ともなる。別れがなければ気づけなかったことや相手のことが見えるようになるのである。あるいは、相手の全体の見え方が変わると言ってもいいだろう。そうなると、いつか別れなければならないという不安だけでなく、どのように別れるかでお互いの独自性を尊重できるかということになろう。

　このように検討すると、別れとは均一なものではなく、同じ相手との別れであっても、一回・一回が異なることがわかる。それゆえに、どのように別れるかがお互いの今をどのように生きているかを表しており、同時に将来の生きざまの決意を示していることにもなる。動きであることは、単純にそれまでの延長として別れがあることにはならない。今までよかった関係のどんでん返しもあるだろうし、思いがけずに幸せな気持ちになれる体験もある。したがって、別れは悲しい終わりとしてだけではなく、希望や誕生としても受けとめることができる。別れが、それまで持っているものやあったものの喪失だけではなく、お互いがどのように体験するかという動きから生まれるお互いの可能性を示しているのだと言えよう。

(2)　関係的存在を再確認する別れ

これまで日本と西欧の出会いと別れを検討する中で、それぞれに見られる自然的態度[6]を取り上げてきた。そのことは、別れという現象をありのまま見ようとするときに必要なプロセスであった。ここでは、そうした日常的な態度を括弧入れすることで、別れが人間的条件として示していることを文化のちがいと関係なく明確にしていきたい。

これまで示してきたように個を中心とした喪失とは異なり、別れは関係を基本としている。その意味で日本人には近づきやすく、理解しやすい。ところが、日本人にとっての別れで確認したように、関係的存在であることが正しく理解されておらず、むしろ関係に個が隠されていると言った方が適切であろう。そのため状況本位であり、曖昧さを求めており、個々のちがいをハッキリさせないのである。当然のことだが、別れもそうした態度の延長上に捉えられてしまうことが多い。早坂は、そうした態度を「原始的素朴さ」と呼び、「洗練された素朴さ」に鍛えあげる必要があると指摘する。（早坂＝1991：133）現象学的に別れというテーマに取り組むために、出会いから始まる日本人の関係に対する態度を改めて問いかけることで、別れの概念の基礎づけを試みてみたい。

私たちは、これまで人間が関係的存在であることを〈関係性（relatedness）〉と呼び、その理由をいろいろな機会に示してきた。(7) 具体的には、「人は一人で生きられない」のではなく、「もともと、一人では生きていない」ということにある。多くの場合に、前者の一人で生きられないが、日本人の関係理解になっている。一人では生きられない人は、誰かを必要として自分が生きるための手段とする。そして、相手を手放さないようにして、自分が一人ぼっちにならないようにする。当然のことだが、別れは耐え難いものになる。出会いから始まって、別れに至る中で、関係を常に気にして維持しようとしているのだが、それは自分のためだけに行っているのであり、相手を、そして自分を大切にするということにはならない。そして、別れは、お互いを大切にできる最後のチャンスなのだが、それを逃してしまうことになる。

関係性として、一人では生きていないということに気づくことできる人は、出会いとの時から個々のちがいを尊重することができる。私たちは、相手とのちがいに出会うのである。もちろん、常にできるとは限らない。相手をこんな人だと対象としてしか理解できず、「今・ここで」の関係を生きられなくなってしまうことは日常茶飯事である。しかし、誠実に生きようとすれば、私たちは失敗や誤りを繰り返すことでお互いのことが見えるようになる。言い換えれば、別れや出会いを体験する中でしか相手のことを大切にする方法は見つからないし、永遠に正解は見つからない。そうした中で、相手の個別性を尊重することができるようになる。そして、一人ひとりが関係性を生きていることを発見できることになる。別れによって物理的に一人になったとしても、関係性を生きていることは続いており、逆に別れが関係性の発見にもなる。つまり、別れにおいて、ちがいを再確認できるのである。

ここで出会いと同様に別れについても英語表記についても触れながら、別れた後で個々がどのようになるのかについても補足的に考えてみたい。ちなみに英語に示されている表現で、別れを示す一つのグループとしてpartingやseparationといった単語を見つけることができる。[8] そうした言葉からは、それまで全体としてあったものが、どちらかが欠けることで一部分に戻ってしまうというイメージを思い浮かべる。しかし、単に部分に戻ってしまうことだけなのだろうか。そこには、出会いにおける両者の関係が前提となっていることを見つけることができる。つまり、出会いにおいて、私とあなたは対抗した関係にあるので、日本人の出会いのように一つのものとなっていない。個は個として保たれているので、別れにおいて個に戻るというイメージになるのだろう。しかし、これまで示してきたように関係的生における別れとは、お互いが出会う以前の個とは異なる存在であること、また別れによって個がより独自性や個性を身につけられる機会になることを確認しておく必要があるだろう。もちろん、日本人の自然的態度によって一つになるということが出会いの本来の姿だというのではなく、個と個がお互いを大切にすることを、出会いや別れを通して実現することを一貫して追及しているのである。

(3)　スピリチュアルな体験としての別れ

別れが人間的体験であるということを基礎に置き，主体としての私が大切な対象を喪失するだけではなく，お互いの動きであることを示した。続いて，関係的存在として私たちが別れにおいて関係性を再発見する機会になることを論じた。そうしたことを前提として，私たちは別れに対してどんな態度をとるのか，別れの決断が人間的体験としてもたらすものを明確にしてみたい。

自身の愛する人，大切な人と別れることは，死別であれ，生別であれ辛い，悲しい出来事である。これまでと同じように一緒にいたい，私の話を聴いてもらいたいと思うのだが，相手がいないという現実を突きつけられる。場合によっては，街を歩いていると，前にいる人を別れた相手と錯覚することもある。夜一人になると，いろいろなことが想い出され，苦しくて眠れなくなることもある。こうして相手が大切な人であればあるほど傷口はふさがらず痛みは大きくなり，苦悩することになる。別れは苦悩をもたらすのだが，そのとき，私たちが苦悩に対してどのような態度をとるかが問われている。苦悩から逃げれば，別れは辛いだけの体験となってしまう。苦悩と向き合うことができれば，その体験はそれまでの私を超えるものとなる。つまり，一人ひとりのスピリチュアリティを動かし，私を覚醒させる体験になるのである。

具体的には，どうすればよいのだろうか。自らの強制収容所の体験から「意味への意志」を提唱するフランクル（Frankl, V.）は，「毅然とした苦悩は業績である」（2004：125）と強調する。あるリトル病（脳性小児麻痺）の患者を例にして、その人は健常者が体験することが何もできないこと、従来の個人心理学の図式に従った自己実現の可能性のからすべて撤退を強いられたと示す。同時に徹底的に撤退することで、新たな挑戦ができた。そのプロセスを、フランクルは、「『断念』を『成し遂げた』（業績とした）」(2004:12–129) と呼ぶのである。断念できることが業績だと言い、断念することで新たな生きる価値を実現できたとする。

この断念するという態度を用いて、別れの積極的な意義を検証してみたい。私たちは、簡単に別れを断念することができない。まだ何とかなると考え、こうすればよかったと執着してしまう。簡単に忘れられない。ところが、断念するとは、単に忘れたり、手離すことではなく、自分がしたこととして受け入れることであるが、そのことに左右されない態度を示している。広辞苑（第七版、岩波書店）によれば、「思い切ること、あきらめること」として紹介されている。間違いなく自分に起こっていることなのだが、それをあれこれと考えずに自分のことだとそのまま受け入れること、そのためには積極的にあきらめることである。フランクルは、先のリトル病の患者の体験からの発見について、「私はリトル病にかかっている。そして、この病気は私に課せられている。私は、この病気から何を生みだすのか、この病気から何を始めるのか、という問いの前に立たされている。」と記述している。この文の病気を「別れ」に置き換えてみると、別れから私たちが問われていることがわかる。すなわち、私たちが別れることを断念できると、その瞬間に問われたことに応えることで、大切なものを発見し、新たな生き方ができるようになるのである。

別れは、これまで示してきたように人間的体験として私たちの存在を揺さぶる。ホスピスケアを地域で実践する医師の山崎章郎は、スピリチュアルペインからスピリチュアリティを明らかにしようとする取り組みにおいて、「人間存在を構成する要素のダメージが深ければ、深いほど、その傷がスピリチュアリティに近づき、スピリチュアリティはその特性を発揮する」（山崎 =2017:57–58）と指摘する。自分自身の最後を迎えるとき、また大切な人との死別においても、別れは私たちの生を確かなものにしてくれる瞬間であり、新たな旅立ちを可能とするスピリチュアルな体験なのである。

最後に、最近のできごとであるが、別れがお互いの生を確かなものにすることがあった。Rock 'n' Roller の内田裕也のお別れ会で、娘の内田也哉子が父親に捧げた最後のことばである。

Fuckin' Yuya Uchida,
don't rest in peace
just Rock'n Roll!!!　（(https://natalie.mu/eiga/news/326568)）

「内田裕也のくそったれ、安らかに眠るな、ロックンロールしろ」は、スピリチュアルなものが当事者だけでなく、聴いているものに目覚めさせる瞬間であった。

〔注〕

（1）　関係的存在の視点から現象学的に「出会い」を探究した優れた研究として次のものがある。早坂泰次郎（1991）「『出会い』の心理学」『人間関係学序説―現象学的社会心理学の展開』川島書店 128–143

（2）時間が過去、現在、未来へと揺らぐことなく一秒、一分ごとに進むのが時計時間である。それに対して、私たちの体験する時間は、過去へ戻ったり、未来へ飛んだりといろいろな方向に動いている。関係的時間とも呼ぶことができる。詳しくは次の文献を参照されたい。

佐藤俊一（2004）「社会福祉援助技術における生活への視点―生活の連続性を支える基礎的地平の理解」『対人援助の臨床福祉学―「臨床への学」から「臨床からの学」へ』中央法規出版

（3）私たちが日常においてあたりまえに行っている世界に対する態度を指している。フッサール（Husserl,E.）は、自然的態度について一人称単数で語るのがよいとして「現にそこに存在するものとして、眼前に見出すものなのであり、そして、私は、その現実を、それが私に対しておのれをあたえてくれる通りに、実際にまた現にそこに存在するものとして、受け取るのである。」と示している。そのため、私たちは、さまざまな色眼鏡や偏見をもってできごとを見ているのだが、それは避けられないことである。

Husserl,E.（1950）Ideen zu einer reinen Phänomenologie und phänomenologischen Philosophie, Martinus Nijhoff,Haag（=1979 渡辺二郎訳『イデーンI　純粋現象学と現象学的哲学のための諸構想』みすず書房 133）

（4）病いとともにいながら、往復書簡で語り合う免疫学者・多田富雄と社会学者・鶴見和子の出会いは、偶然の出会いであるが、必然の出会いであったともいうことができよう。

多田富雄・鶴見和子（2003）『邂逅』藤原書店

（5）mother tongue という言葉に対して、母国語という訳が見られることがあるが、「国」ということを示すことで、政治的、差別的な使われ方に陥る危険性がある。したがって、母語ということばを使うことが適切である。詳しくは、次の文献を参照されたい。

早坂泰次郎（1999）『現場からの現象学―本質学から現実学へ』川島書店 52

（6）先に自然的態度について、注（3）に示したが、フッサールは晩年の著作において、学以前の世界としての生活世界において基礎づけることを行っている。具体的には、「自然的な通常の生活世界においては、この多様な主観的なものは、たえず経過してゆき、その経過の中で恒常的かつ必然的に蔽われたままになっている」と指摘する。この蔽われたものを取り去ることが現象学の役割である。すなわち、「これまでの客観的科学が、すなわち世界の基盤の上に立つ学に対して、世界があらかじめ与えられているその普遍的な与えられた方を問う学なのである。」

Husserl, E.（1954）Die Krisis der europaeischen Wissenschaften und die transzendentale Phaenomenologie. Martinus Nijhoff, Haag（=1974 細谷恒夫・木田元訳『ヨーロッパ諸学の危機と超越論的現象学』中央公論社 205）

（7）関係性（relatedness）と人間関係（Human relations）と区別されずに使われることがほとんどである。人間関係は作ったり、壊れたりするが、関係性とは人間関係の基盤として常にあるのだが、多くの人はそのことを忘れている。

佐藤俊一（2015）「人間関係の現象学―対象化への視点」足立叡編著『臨床社会福祉学の展開』学文社 14-33

（8）別れを表す英語としては、筆者は両者の動きを表すという意図から good-bye を考えたが、native の研究者から、別れそのものよりも別れのことばや表示として使われるとアドバイスされた。他には farewell や leave もある。前者は永遠の別れというイメージになり、後者は、自分を主体として去る、離れるということになる。そうした思考の末に、出会いの encounter と同様に、本論で示したい英語表記は無いことに気づき、それならば一般的に使われる separation として、西欧人の自然的態度を示すものと自覚して使用することにした。

〔文献等〕

Frankl, V.（1984）Homo Patiens:Versuch einer Pathodizee, Verlag Hans Huber Bern（=2004 山田邦男・松田美佳訳『苦悩する人間』春秋社）

Fromm, E.（1976）To Have or to Be? Harper & Row（=1977 佐野哲郎訳『生きるということ』紀伊國屋書店）

Husserl, E.（1950）Ideen zu einer reinnen Phänomenologie und phänomenologischen Philosophie, Martinus Nijhoff, Haag（=1979 渡辺二郎訳『イデーンI　純粋現象学と現象学的哲学のための諸構想』みすず書房）

Husserl, E.（1954）Die Krisis der europaeischen Wissenschaften und die transzendentale Phaenomenologie. Martinus Nijhoff, Haag（=1974 細谷恒夫・木田元訳『ヨーロッパ諸学の危機と超越論的現象学』中央公論社）

早坂泰次郎（1991）『人間関係学序説―現象学的社会心理学の展開』川島書店

小林司（1983）『出会いについて―精神科医のノートから』日本放送出版協会

Kübler-Ross, E. M.D. and David Kessler（2005）On Grief and Grieving, The Barbara Hogenson Agency（=2007 上野圭一訳『永遠の別れ』日本教文社）

佐藤俊一（2015）「人間関係の現象学―対象化への視点」足立叡編著『臨床社会福祉学の展開』学文社 14-33

山崎章郎（2017）「スピリチュアルペインとケア」スピリチュアルケア研究 VOL.1　53-61　日本スピリチュアルケア学会

映画ナタリー　内田裕也お別れ会に一七〇〇人、内田也哉子の送る言葉は「Fuckin' Yuya Uchida」https://natalie.mu/eiga/news/326568

おわりに

これまで私の著書は、主として対個人やグループに向けたものであったが、本著では社会や組織への視点を出発点にした。というのは、この数年のことだが、本書のテーマにしている「均質化」という方向性が、学校教育や組織の研修において顕著になっているからだ。社会や組織は、汎用性や効率化を進めるために取り代えのきく人材を作り出そうとしている。また、多くの人が社会や組織からの要求に、素直に従っている。そうした現状に私は疑問を強く感じている。

この本の校正を始めるころから、新型コロナウイルスの感染対策が切迫した状況になってきた。各国の政府や地域の行政機関の取り組みが毎日報道され、対応のスピード、そのあり方などを通して様々なことを感じる。また「命令する」「指示する」「要請する」など表現は異なるが、法律だけではなく、文化のちがいも明確にわかる。民主的に行えば合意を得るには時間がかかるし、専制的なリーダーシップの下では、素早い対応が可能となる。そうした中で、本書で取り上げた「均質化」を求める風潮がより高まることは、どの国でも避けられないだろう。問題は、どんな政治体制下であれ、私たち一人ひとりが、どのように現実と向き合うかであり、そこに社会の成熟度が表れることになる。政府が決めたことに対して何も考えずに従えばいいのではなく、個々がどのように考え、判断するのかが問われているのである。したがって、本書で示したように国の責任だけでなく、個々の、また社会の責任が問われているのであり、私たちが具体的な行動で応える必要がある。

誰もが生活の安定や安全を求めている。しかし、今回のように目に見えない形で、また急に危険は迫ってくる。その度に、私たちの生活は脅かされることになる。自然災害だけでなく、いろいろなかたちで危機は突然に身近に起こり、私たちは不安、苦悩、別れ等と向き合うことになる。平穏な生活を求めるためにそれら人間的体験は忘れられがちだが、反対に人間になる機会を大切にできるかが試されているように感じる。感染症との戦いに勝つことが声高に叫ばれている。もちろん科学的に対処できることは全力で行い、他方で、科学の力の及ばないことにどのように向き合うかだ。したがって、感染症者をゼロにするだけではなく、先の見えない日々を過ごすことは、私たち一人ひとりの当たりまえの日常を見直す機会であり、スピリチュアルな体験が可能となることを忘れてはならない。

最後になるが、本書の発刊を快く引き受け、出版に支援いただいた川島書店編集部松田博明氏に感謝する。

二〇二〇年三月二八日

先が見えず、落ち着かない日々の中で

佐藤　俊一

初 出 一 覧

本書の各章の初出は次のとおりであり，もともとは独立した論文や講演である。したがって，執筆の際には，全体の構成上のつながり，その後の新たな発見などから，幾つかのものは大幅な加筆，修正を行っている。

第１章　書き下ろし

第２章　生身のかかわりと思考への囚われ―なぜ，多くの人は自分を表せないのか
日本ミュージック・ケア協会全国セミナー第21回新潟大会　定期講演　2017

第３章　個々の不完全さから生まれる可能性―生を覚醒する現象学試論
淑徳大学創立50周年記念論集刊行委員会編『共生社会の創出をめざして』学文社　2016

第４章　音が私たちを動かす〈推せんの言葉〉
宮本啓子『ミュージック・ケア―その基本と実際』川島書店　2012

第５章　人間関係の現象学―対象化への視点
足立叡編著『臨床社会福祉学の展開』学文社　2015

第６章　見えるの発見－対象とならないものを見る
研究会誌IPR　№21　日本ＩＰＲ研究会　2014

第７章　人間関係の現象学―対象化への視点
足立叡編著『臨床社会福祉学の展開』学文社　2015

第８章　孤独―生を健康にするもの
総合福祉研究第22号　淑徳大学総合福祉研究所　2018

第９章　不安―生をゆるがすもの
淑徳大学大学院総合福祉研究科紀要 第25号　2018

第10章　別れ―生を確かなものにする
淑徳大学大学院総合福祉研究科紀要 第26号　2019

著者略歴

佐藤　俊一（さとう・しゅんいち）
1952年　静岡県三ヶ日町（現：浜松市）生まれ
1977年　立教大学大学院社会学研究科修士課程修了
現　在　淑徳大学総合福祉学部教授
主　著　『医療と組織の人間学―現場からの提言』川島書店 1987
『ケアへの出発―援助のなかで自分が見える』（共著）医学書院　1994
『対人援助グループからの発見―「与える」から「受けとめる」力の援助へ』中央法規出版　2001
『対人援助の臨床福祉学―「臨床への学」から「臨床からの学」へ』中央法規出版　2004
『ケアの原点―愛する・信頼することへの挑戦』学文社 2008
『ケアを生み出す力―傾聴から対話関係へ』川島書店 2011
『改訂版　新・医療福祉学概論―利用者主体の保健医療サービスをめざして』（共編著）川島書店　2018
他に共編著など多数

スピリチュアリティを目覚めさせる

2020年5月30日　第1刷発行

著　者　佐　藤　俊　一
発行者　中　村　裕　二
発行所　㈲ 川　島　書　店
〒160-0023
東京都中野区新井 2-16-7
電話 03-3388-5065
（営業・編集）電話 048-286-9001
FAX 048-287-6070

DTP・風草工房／印刷　製本・（株）シナノ

落丁・乱丁本はお取替いたします　振替・00170-5-34102

＊定価はカバーに表示してあります
ISBN978-4-7610-0938-0 C3036